Step by Step

"신보보고"

※ 步步高는 한 걸음 한 걸음 올라간다는 뜻으로 '사다리'를 가리키는 중국 말입니다. (步: 걸음 보)

新 步步高 중국어

중급

구경숙 해설 　程相文·姜丽萍 주편　丛琳·卢岚岚 편저
맹주억 감수

㈜시사중국어사
book.chinasisa.com

감 수　맹주억
　　　한국외국어대학교 대학원 졸업(문학 박사)
(전) 중국어국정교과서 집필 책임자
(현) 한국외국어대학교 중국어과 교수
　　　한국외국어대학교 외국어교육연구소 소장
　　　한국중국어교육학회 회장

해 설　구경숙
　　　남개대학교 대학원 졸업(현대어법어휘학 박사)
(현) 한국방송통신대학교 중문과 강사

新步步高 중국어 중급

초판발행　2006년 06월 15일
1판 6쇄　2014년 09월 30일

편저　　　程相文 姜丽萍 丛琳 卢岗岗
펴낸이　　엄호열
펴낸곳　　시사중국어사
등록일자　1988년 2월 13일
등록번호　제1 - 657호
주소　　　서울시 종로구 자하문로 300 시사빌딩
전화　　　내용문의 (02) 3671 - 0542
　　　　　　구입문의 (02) 3676 - 0808
팩스　　　(02) 745 - 1945
홈페이지　book.chinasisa.com
이메일　　china@sisabook.com

* 이 교재의 내용을 사전 허가없이 전재하거나 복제할 경우 법적인 제재를 받게 됨을 알려 드립니다.
* 잘못된 책은 구입하신 서점이나 본사에서 교환해 드립니다.
* 정가는 표지에 표시되어 있습니다.

머리말

최근 몇 년 사이, 중국의 국력 증대에 따라 중국어를 배우고자 하는 외국인이 급속히 증가하고 있으며, 각종 유형의 중국어 교재가 봇물을 이루고 있다.

어떤 외국어라도 제대로 배우고자 한다면, 반드시 듣기, 말하기, 읽기, 쓰기 이 4가지 방면의 기본적인 능력이 구비되어야 한다.

본 교재는 듣기, 말하기, 읽기, 쓰기의 4부분을 골고루 향상시키는 것을 목적으로 학습자들이 범하기 쉬운 오류에 초점을 맞추어 만든 교재이다.

무엇보다, 중국 현지에서 수년간 한국 학생들을 비롯하여 외국인들을 지도하였던 교수진이, 그 동안의 강의 경험을 통하여 얻은 노하우로 한국 학생들이 무엇을 어려워 하는지, 또 그 해결책이 무엇인지를 명쾌하게 제시하고 있다는 것이다.

본 교재의 굵직굵직한 특징 몇 가지를 들면,

첫째, 한국에서 중국어를 학습하는 학습자들을 주요 대상으로 구성하였으며, 발음과 어법 부분은 학습자가 틀리기 쉬운 부분에 중점을 두어 학습할 수 있도록 하였다.

둘째, 매 과마다 생동적인 다량의 삽화를 이용하여, 학습자들이 본문의 내용을 쉽게 이해하고 충분히 활용할 수 있도록 하였다.

셋째, 본문은 실용적인 면을 중시하여 실제 생활과 밀접한 내용들로 구성하여, 학습자들이 학습한 내용을 빠른 시간 내에 실생활에 응용할 수 있도록 하였다.

넷째, 기본적인 단어와 어법 외에 시대를 반영하고 있는 다량의 신조어와 용법을 가능한 많이 수록하였다.

다섯째, 앞 과에서 학습한 문형을 지속적으로 등장하게 하여, 학습자들이 자연스럽게 복습할 수 있도록 하였다.

여섯번째, 실생활에서 가장 많이 등장하는 구어적인 표현과 어휘만을 선택하여 구성함으로써, 초급 학습자들도 난이도 있는 부분까지 쉽게 학습할 수 있도록 하였다.

일곱번째, 본 교재의 가장 큰 특징인 연습문제에서는 듣기, 말하기, 읽기, 쓰기의 4부분을 동시에 향상시키는 데 중점을 두었다.

여덟번째, 중국 전통 문화와 현재 유행하는 문화의 일부 내용을 교재에 재현하여 중국문화와 한국 문화의 차이점과 언어 현상을 쉽게 이해할 수 있도록 하였다.

중국어를 처음 접하며 혼란으로 가득 찬 여러분들이 본 교재로 쉽고 효율적으로 중국어 학습을 시작할 수 있었으면 하며, 중국인과의 의사소통에 십분 활용되었으면 하는 바람이다.

아울러, 당장의 가시적인 성과가 나타나지 않더라도, 중국어에 대해 친숙해지고 자신감을 회복시키는 계기가 된다면, 그것만으로도 절반의 성공이라 생각한다.

본 교재의 특징

본 교재는 듣기, 말하기, 읽기, 쓰기를 서로 긴밀하게 구성하여 종합적인 언어 학습을 할 수 있도록 하였으며, 난이도 역시 큰 편차 없이 한 단계 한 단계 순차적이고 체계적으로 구성하였습니다. 특히, 전체 16과 중 복습(2과)를 제외하면 총 14과 구성으로 대학에서는 한 학기동안 한 권을 완성할 수 있으며, 학원에서는 2개월에 1권 완성으로 시작부터 4개월에 초급 완성, 8개월이면 중급까지 완성할 수 있는 맞춤 커리큘럼입니다.

각 과의 구성

단어
단계별 난이도를 충분히 고려한 각 과의 필수 어휘 외에도 신조어를 다량 포함하여, 가장 최근의 언어 감각을 익히도록 하였습니다. 또한 관련 단어를 쉽게 익힐 수 있도록 그림단어 사전을 구성하였습니다.

발음
한국인이 가장 어려워하는 j, q, x, z, c, s, zh, ch, sh, r, u, ü 발음을 삽화로 이용하였습니다. 즉, 발음할 때의 입 모양, 성조 등을 삽화로 재미있게 표현하여 학습자들이 쉽게 이해할 수 있도록 하였습니다.

본문
우리 생활과 가장 밀접한 실용적 표현만을 선정하여 소재로 구성함으로써, 학습자들이 학습한 내용을 바로 현지에서 응용할 수 있도록 하였습니다. 회화 내용에는 중국문화 현상과 중국어의 습관적 용법이 자연스럽게 융합되도록 하였습니다.

문법
문법에 대한 설명은 최대한 전문 용어를 줄이고 간단 명료하게 서술하였으며, 각 과에 평균 3~4개의 문법 지식을 소개하였습니다. 난이도는 쉬운 내용부터 점차적으로 심화하도록 구성하였으며, 고난이도의 문법지식은 2-3과로 나누어 설명하였습니다.

연습
학습한 주요 문형과 문법을 토대로 듣기, 말하기, 읽기, 쓰기 문제로 구성하였습니다. 특히 학습자들이 배역 교수법(학생들에게 배역을 맡도록 하는 방법)의 일부 이념을 도입하여 구성한 연습문제를 풀이하는 과정에서 '이해-모방-기억-숙련-응용'의 언어 습득 과정을 반복하도록 하였습니다.

간체자 쓰기
중요 단어를 한획한획 따라 쓸 수 있는 간체자 쓰기를 실어 학습자들이 어려워하는 한자를 반복학습 할 수 있도록 하였습니다.

문화이야기
외국인이라면 모두가 쉽게 공감할 수 있는 중국 문화에 대한 다양한 읽을 거리를 수록하여 중국에 대한 흥미를 유발하도록 하였습니다.

인터넷 동영상 강의

중국어, 이제 혼자서도 문제 없습니다!
한 과를 30분 내외의 재미있고 신나는 강의로 꽉꽉 채웠으며, 네이티브 스피커들의 생생한 회화, 쉽고 정확한 문법 설명, 연습문제 등을 접하다 보면 예습(preparation)과 복습(review)이 저절로 됩니다.
예·복습까지 저로 되니, 혼자서도 아무 문제 없습니다.

최고의 강사가 펼치는 최상의 강의
중국어 최고의 선생님들이 펼치는 최고의 인터넷 동영상강의-
현재 대학교 및 학원에서 전문적으로 중국어를 강의하고 있는 선생님의 중국어 명강의를 현장의 생생함 그대로 보여드립니다.
보기만 해도 머리 속에 착착 쌓여갑니다.

*신보보고 중국어 동영상 강의는 www.chinasisa.com에 준비되어 있습니다.

차 례

머리말 3
중국어 기초 지식 11

01 请多指教。 많은 지도 부탁드립니다.   15
• **단어** • **본문** • **해설** 给您添麻烦了。/少不了/不是… 吗? • **문법설명** 부사 尽管/접속사 而且/관용어 在…上 • **연습문제** 말하기/쓰기/읽기 • **간체자 쓰기**

02 复印机在哪儿? 복사기는 어디에 있습니까?   29
• **단어** • **본문** • **해설** 最里边儿、窗户旁边、走到头儿、楼梯拐角/可就麻烦了/签个字 • **문법설명** 부사 如果… 的话/겸어문 (1)/부사 其实 • **연습문제** 말하기/쓰기/읽기 • **간체자 쓰기**

03 你是怎么学习的? 당신은 어떻게 공부했습니까?   43
• **단어** • **본문** • **해설** 您过奖了/我倒是学过差不多一年的汉语/你是怎么学的呢 • **문법설명** 전치사 关于/관용어 对…来说/特别是 • **연습문제** 말하기/쓰기/읽기 • **간체자 쓰기**

04 倒霉透了。 정말 운수가 사납네.   57
• **단어** • **본문** • **해설** 有什么事吗/就是啊, 这也没什么啊。 • **문법설명** 정도보어 透/부사 反正/부사 幸亏/어기조사 呗 • **연습문제** 말하기/쓰기/읽기 • **간체자 쓰기**

05 我想买去上海的飞机票。상해에 가는 비행기표를 사고 싶습니다. 73

•단어　•본문　•해설 后天早上的机票有吗 / 从现在起到星期五 T41 次都没有硬卧了。/ T41、K63　•문법설명 동사+방향동사 过去/접속사 从…起/접속사 不过　•연습문제 말하기/쓰기/읽기　•간체자 쓰기

06 多少年没见了。몇 년만에 만났네. 87

•단어　•본문　•해설 医科、人际 / 算起来 / 三四年没见过面了　•문법설명 부사 真/可不是 /…先…后来…/부사 亲自　•연습문제 말하기/쓰기/읽기　•간체자 쓰기

07 欢迎你们。어서들 오십시오. 101

•단어　•본문　•해설 两位、您二位、你们　•문법설명 겸어문 (2)/ 看 / 没错　•연습문제 말하기/쓰기/읽기　•간체자 쓰기

08 复习 1 115

•단어　•본문　•연습문제 말하기/쓰기/읽기　•간체자 쓰기

차례

09 买礼物。선물을 사다. 129
- 단어 • 본문 • 해설 我看中号就可以/能打折吗? • 문법설명 …还…/只要…都…/ 如果…还 • 연습문제 말하기/쓰기/읽기 • 간체자 쓰기

10 有什么别有病。뭐든 있어도 되지만 병은 있어선 안 된다. 143
- 단어 • 본문 • 해설 哪有时间啊/不吃药吧, 不容易好; 吃药吧, 又容易困/现在就 觉得困得要命 • 문법설명 반어문 …哪…啊/…得要命/부사 千万/부사 却 • 연습문제 말하기/쓰기/읽기 • 간체자 쓰기

11 你有自行车吗? 당신은 자전거가 있습니까? 157
- 단어 • 본문 • 해설 我想借辆自行车用用/没有比自行车更方便的交通工具了/骑自 行车既不挤, 也不会迟到, 还可以锻炼身体。 • 문법설명 听说/부사 稍/ 既…也… • 연습문제 말하기/쓰기/읽기 • 간체자 쓰기

12 咱们吃什么? 우리 무엇을 먹을까요? 171
- 단어 • 본문 • 해설 那咱们来一个西芹百合, 再来一个青椒炒腊肉, 一个西湖牛 肉羹。/我最喜欢吃川菜, 又麻又辣, 吃完以后特别舒服。/你说得我都饿了。 • 문 법설명 不大/의문대명사 什么의 특수용법/看来 • 연습문제 말하기/쓰기/읽기 • 간체 자 쓰기

13 今天太热了。 오늘 몹시 덥습니다. 189

•단어 •본문 •해설 怪不得这么热/我都快受不了了/听你的嘛/의문대명사 哪儿의 특수용법 •문법설명 어기조사 •연습문제 말하기/쓰기/읽기 •간체자 쓰기

14 咱们看球赛吧。 우리는 구기 경기 봅시다. 203

•단어 •본문 •해설 忘不了/你放心好了/对了, 今天回去我得跟太太说一下 •문법설명 동사+忘不了/부사 当然/조동사 得(děi) •연습문제 말하기/쓰기/읽기 •간체자 쓰기

15 你能帮个忙吗？ 당신이 도와줄 수 있나요? 217

•단어 •본문 •해설 我从来没租过房子/去商店干吗？ •문법설명 부사 从来/부사 大概/부사 究竟 •연습문제 말하기/쓰기/읽기 •간체자 쓰기

16 复习2 231

•단어 •본문 •연습문제 말하기/쓰기/읽기 •간체자 쓰기

부록 245
•색인 단어

중국어의 기초 지식

- 교실용어
- 품사의 정리

교실용어

선생님 용어

同学们好! 现在上课。 Tóngxuémen hǎo! Xiànzài shàngkè.	여러분 안녕하세요! 수업을 시작하겠습니다.
请看黑板! Qǐng kàn hēibǎn!	칠판을 보세요!
请听我发音! Qǐng tīng wǒ fāyīn!	내가 발음하는 것을 들어보세요!
听我说。 Tīng wǒ shuō.	내가 말하는 것을 들어보세요.
跟我说。 Gēn wǒ shuō.	나를 따라 말해보세요.
跟我读。 Gēn wǒ dú.	나를 따라 읽으세요.
跟我写。 Gēn wǒ xiě.	나를 따라 쓰세요.
再听一遍。 Zài tīng yí biàn.	한 번 더 들으세요.
再读一遍。 Zài dú yí biàn.	한 번 더 읽으세요.
再说一遍。 Zài shuō yí biàn.	한 번 더 말하세요.
再写一遍。 Zài xiě yí biàn.	한 번 더 쓰세요.
现在听写。 Xiànzài tīng xiě.	지금부터 받아쓰기를 하겠습니다.
请打开书，翻到第○页。 Qǐng dǎkāi shū, fān dào dì ○ yè.	책을 펴서, ○페이지로 넘기세요.
读课文，要大声朗读。 Dú kèwén, yào dàshēng lǎngdú.	본문을 읽으세요, 큰소리로 낭독해 주세요.
有问题请问我。 Yǒu wèntí qǐng wèn wǒ.	문제가 있으면 내게 물어보세요.
现在布置作业。 Xiànzài bùzhì zuòyè.	지금부터 숙제를 내주겠습니다.
预习新课的生词，要会读会写。 Yùxí xīn kè de shēngcí, yào huì dú huì xiě.	새로운 과의 단어를 읽고 쓸 수 있도록 예습하세요.

请看一下语法／注释。 Qǐng kàn yíxià yǔfǎ ／ zhùshì.	어법／주석을 보세요.
请把作业交给我。 Qǐng bǎ zuòyè jiāo gěi wǒ.	숙제를 내게 제출하세요.
下课。 Xià kè.	수업을 마칩니다.

학생 용어

老师好！ Lǎoshī hǎo!	선생님, 안녕하세요!
请您慢一点儿。 Qǐng nín màn yìdiǎnr.	좀 천천히 해주세요!
请您再说一遍。 Qǐng nín zài shuō yí biàn.	한 번 더 말씀해주세요.
请您再念一遍。 Qǐng nín zài niàn yí biàn.	한 번 더 읽어주세요.
这个字／词怎么读？ Zhège zì ／ cí zěnme dú?	이 글자／단어는 어떻게 읽습니까?
这个词是什么意思？ Zhège cí shì shénme yìsi?	이 단어는 무슨 뜻입니까?
韩语的"○○"汉语怎么说？ Hányǔ de ○○ Hànyǔ zěnme shuō?	한국어의 "……"는 중국어로 어떻게 말합니까?
今天的作业是什么？ Jīntiān de zuòyè shì shénme?	오늘의 숙제는 무엇입니까?
老师，我病了，不能上课。 Lǎoshī, wǒ bìng le, bù néng shàngkè.	선생님, 병이 나서 수업을 받을 수 없습니다.
对不起，我迟到了。 Duì bu qǐ, wǒ chídào le.	죄송합니다, 지각했습니다.
谢谢老师！ Xièxie lǎoshī!	선생님, 감사합니다!
再见！ Zàijiàn!	안녕히 계세요!

품사의 정리

중국어에서는 전통적으로 단어를 실사(实词)와 허사(虚词)로 구분합니다. 실사란 비교적 실제적인 의미를 갖고 대체로 단독으로 문장 성분이 되는 것이며, 허사란 단독으로 문장성분이 되지 않는 것을 이릅니다. 부사는 문장성분에서 부사어가 될 수도 있고, 감탄사도 하나의 문장이 될 수 있지만 이들도 허사 속에 포함시킵니다.

구 분	품 사	보 기
1. 명사	사람 혹은 구체적인 사물을 나타낸다	鲁迅 同志 工人 山 牛 铅笔
	추상적인 사물을 나타낸다	教育 交通 事务 战争 友谊
	장소를 나타낸다 〈장소사〉	北京 长城 黄河 亚洲 美国
	시간을 나타낸다 〈시간사〉	秋天 夏季 明天 早晨 晚上
	방위를 나타낸다 〈방위사〉	东 西 上 下 前面 后头
2. 동사	동작·행위를 나타낸다	走 打 说 保卫 团结 支持
	존재·변화를 나타낸다	有 存在 消失 缩小 兴旺
	심리활동을 나타낸다	想 爱 恨 忘记 希望 喜欢
	사역을 나타낸다	使 叫 让 请 命令 要求
	가능·원망(願望)을 나타낸다 〈조동사〉	能 会 可以 应该 愿意
	방향을 나타낸다 〈방향동사〉	来 去 起来 过来 下去 进来
	판단을 나타낸다 〈판단사〉	是
3. 형용사	성질을 나타낸다 〈성질형용사〉	高 好 小 美丽 优秀 勇敢
	상태를 나타낸다 〈상태형용사〉	大大 干干净净 雪白 热乎乎
4. 수사	명확한 수를 나타낸다	一 二 三十 百 千
	대략적 수를 나타낸다	几 一些 许多 少数
5. 양사	명사적 양을 나타낸다 〈명량사〉	个 本 枝 件 尺 寸 斤
	동사적 양을 나타낸다 〈동량사〉	次 回 下 遍 阵 趟
6. 대명사	인칭대명사	我 你 他 我们 你们 他们
	의문대명사	谁 什么 怎么 怎样 哪 哪里
	지시대명사	这 那 这里 那里 这么 那么
7. 부사		很 都 不 非常 往往 就 又
8. 전치사		由 自 从 在 向 朝 和 对于
9. 접속사		和 同 不但 而且 虽然 但是
10. 조사	구조조사	的 地 得 所 似的
	동태조사	了 着 过
	어기조사	的 了 吗 呢 吧
11. 감탄사		啊 哎 哎呀 呸 喂 嗯
12. 의성어		砰 唥 轰隆 乒乓 哗啦啦

01

请多指教。
많은 지도 부탁드립니다.

New Words 1-01

加入 jiārù [동] 가입하다. 참가하다
添 tiān [동] 보태다. 더하다
贸易 màoyì [명] 무역
对象 duìxiàng [명] 대상
往来 wǎnglái [명·동] 거래(하다)
国际 guójì [명] 국제
市场 shìchǎng [명] 시장
经理 jīnglǐ [명] 지배인
共同 gòngtóng [부] 공동의. 공통의

熟悉 shúxi [동·형] 익히 알다
麻烦 máfan [동·명] 폐(를 끼치다)
进口 jìnkǒu [동] 수입하다
主要 zhǔyào [형] 주요하다
额 é [명] 액
知识 zhīshi [명] 지식
部 bù [명] 부
缺少 quēshǎo [동] 부족하다
其他 qítā [대] 기타

情况 qíngkuàng [명] 상황. 정황
尽管 jǐnguǎn [부] 얼마든지
出口 chūkǒu [동] 수출하다
生意 shēngyi [명] 장사. 사업
录用 lùyòng [동] 채용하다
同事 tóngshì [명] 동료. 동업자
指教 zhǐjiào [동] 지도하다
请教 qǐngjiào [동] 지도를 바라다
外语 wàiyǔ [명] 외국어

● 고유명사

亚洲 Yàzhōu [명] 아시아
金正男 Jīn Zhèngnán [인명] 김정남
张浚成 Zhāng Jùnchéng [인명] 장준성

一

金正男：李先生，欢迎加入我们公司，我先带您熟悉一下公司的情况吧。

李昌镐：非常感谢，给您添麻烦了。

金正男：别客气，以后我们就是同事了，有什么事请尽管跟我说，能帮忙的我一定帮忙。

李昌镐：谢谢！我刚到公司，以后一定少不了要麻烦您。

金正男：我们的公司是一家贸易公司，主要做进出口贸易。

李昌镐：那我们的贸易对象主要是哪几个国家呢？

金正男：我们跟很多亚洲国家都有生意往来，但现在跟中国的贸易额是最大的。

李昌镐：明白了，公司录用我，是因为我会说汉语，对吗？

金正男：当然了，而且你不是还学习过有关国际贸易的知识吗？

二

金正男：各位同事，我来给大家介绍一下，这位是我们公司的新同事，从今天开始，他就要来市场部工作了。

李昌镐：大家好！我叫李昌镐，以后请大家多指教。

金正男：昌镐，我来给你介绍你们市场部的经理—张浚成先生。

张浚成：欢迎你，李先生，我们市场部现在很缺少汉语好的人，公司能请到你来帮忙，真是太好了。

李昌镐：谢谢您，张经理。能来到公司工作，我也很高兴，以后在工作上，一定会有很多东西要向张经理请教。

张浚成：你太客气了，我们以后共同努力，互相帮助吧。来，我给你介绍其他同事。

Note

1 « 给您添麻烦了。

이 문장의 어감은 '谢谢'와 다소 비슷하다. 다른 사람의 도움을 요청하거나 이미 도움을 받았을 때 폐를 끼치게 됨, 감사함을 나타내는 표현으로 쓰인다.

道路施工，给您添麻烦了。

2 « 少不了

'少不了'는 두 가지 의미가 있다. 하나는 '적지 않다'는 뜻이며, 또 하나는 '~이 빠져서는 안 된다'는 뜻이다. 본문에서는 첫 번째 의미로 쓰인다.

以后少不了向您请教。

这工作少不了你的参与。

3 « 不是…吗?

반문으로 긍정의 의미를 나타내며, 예를 들면 '你不是还学过有关国际贸易的知识吗?'는 '你学过有关国际贸易的知识.'의 뜻이다.

你不是喜欢喝茶吗？我给你带来了一包。

你不是在中国工作过吗？

Grammar Note

1 « 부사 尽管

동사 또는 동사구 앞에서 조건의 제한이 없거나 어떠한 제한을 받지 않아 어떠한 행동, 동작을 편안하게 실행할 수 있다는 것을 나타낸다. 只管과 비슷하다.

有问题，同学们尽管问。

你有什么困难，请尽管告诉我们。

你尽管放心，我一定会来帮忙的。

2 « 접속사 而且

점층관계를 나타내며, 동시에 어기를 강조하는 작용이 있다. 문장에서 동사, 형용사, 부사, 구, 단문 또는 문장을 연결해준다. '而且'는 복문에 쓰이며, 앞뒤 문장의 주어가 동일한 경우, 뒷문장의 주어는 생략할 수 있다.

这位同学热情而且大方。

金小姐歌唱得好，而且舞也跳得不错。

朴先生会开车，而且会修车。

3 « 관용어 在…上

'在…上'에는 일반적으로 명사와 함께 쓰이며, 문장에서 부사어로 쓰여 동작의 범위를 나타낸다. '在…上'은 문두에 쓰일 수 있는데, 이때 쉼표(,)를 이용하여 분리하며, 문장 중간에도 쓰일 수 있다.

在生活上，她处处关心我。

在这个问题上，我们的看法是一样的。

金小姐在汉语学习上很认真。

你应该在工作上向张经理请教。

Grammar Drill

1 …… 尽管 ……

你有什么事情**尽管**跟我说，我能帮忙的一定帮忙。

| 你有什么新书 借给我
我看完就还你 | 你有什么意见 提出来
我一定会改正的 | 你们有什么困难 告诉我
我会帮助解决的 |

2 …… 而且 ……

金小姐歌唱得好，**而且**舞也跳得不错。

| 我已经结婚了
有了一个孩子 | 我参加过两次汉语水平考试
通过了八级 | 我们商店的衣服质量好
价钱最便宜 |

연습문제

Exercises

说 Speaking

1 다음 그림을 보고 대화를 완성해 보세요.

A：你是美英吧？欢迎____，我先____。
B：给您____，非常____。

A：____，以后我们____，有什么事____.
B：____！我____，____少不了____。

A：我们学校留学生很多吗？
B：___。
A：都是____？
B：哪个国家的都有，但主要____，____最多。
A：那我们不是____？

A：____，____介绍一下，这位是____，从今天开始，她____。

B：____！我叫____，我是____。
A：美英你就坐这儿吧。
B：___。

A：美英，认识你____，我也是____。
B：是吗？太____了！

A：没问题，____尽管____。
B：那真是太感谢了！

Exercises

2 주어진 단어를 이용하여 이야기해 보세요.

介绍 / 同事 / 经理 / 贸易 / 对象 / 请教
客气 / 努力 / 帮助 / 缺少 / 共同 / 指教

 Writing

1 다음 보기에서 알맞은 단어를 찾아 빈칸에 써보세요.

보기   尽管 知识 国际 熟悉 往来 麻烦 缺少 主要 录用 指教

(1) 我没来过这儿，对这儿的情况不 _____ 。

(2) 这样做太 _____ 了，我有个简单的办法。

(3) 我有很多这样的笔，你要用，就 _____ 拿吧。

(4) 现在的 _____ 问题是没有时间。

(5) 今年我们公司一共 _____ 了十个大学生。

(6) 工作的时候只有书上的 _____ 是不够的。

(7) 这个公司很大，是一家 _____ 公司。

(8) 我刚来，以后请您多 _____ 。

(9) 我们非常 _____ 懂外语的人。

(10) 跟我们公司有生意 _____ 的国家很多。

2 다음 문장을 완성해 보세요.

(1) 我来给大家介绍一下，_____ 。

(2) 从下个星期开始，_____ 。

(3) _____ ，真是太好了！

(4) 我对这儿的情况比较了解，_____。

(5) 我们公司是一家_____，_____。

(6) _____，主要研究中国历史。

(7) _____，是因为我工作努力。

(8) _____，少不了麻烦你。

(9) 我叫_____，_____。

(10) 我们以后_____。

3 다음 문장의 빈칸에 알맞은 단어를 찾아보세요.

(1) ____ 你添麻烦了。
　　A 跟　　B 对　　C 给　　D 让

(2) 有什么问题你 ____ 跟我说。
　　A 尽管　　B 不管　　C 要是　　D 如果

(3) 我来给你们介绍 ____。
　　A 一会儿　　B 一下儿　　C 两下　　D 一点儿

(4) 我们已经找了很多 ____ 的资料。
　　A 为了　　B 对于　　C 关于　　D 有关

(5) ____ 我们要互相帮助，共同努力。
　　A 后来　　B 以后　　C 后面　　D 之后

(6) 我先带你熟悉一下环境 ____。
　　A 吧　　B 呢　　C 吗　　D 啦

(7) 他们雇用我是 ____ 我的汉语比较好。
　　A 为了　　B 因此　　C 虽然　　D 因为

(8) 我还吃 ____ 你妈妈做的菜呢。
　　A 了　　B 到　　C 过　　D 回

Exercises

(9) ____ 学习 ____，你可以多向同学请教。

A 在…上　B 在…外　C 在…下　　D 在…里

(10) 我 ____ 到家，还没吃饭呢。

A 刚　　　B 刚才　　C 就　　　　D 马上

4 다음 문장의 틀린 부분을 바르게 고쳐 보세요.

(1) 我给大家来介绍一下儿。

➡ _____

(2) 美英来中国学习因为她对中国历史很感兴趣。

➡ _____

(3) 我有很多问题要跟你请教。

➡ _____

(4) 他们就要我们公司工作了。

➡ _____

(5) 我看过还很多中国电影。

➡ _____

(6) 我们比中国的贸易额是最大的。

➡ _____

(7) 非常感谢你帮忙我。

➡ _____

(8) 他刚回来公司。

➡ _____

(9) 添麻烦您了。

➡ _____

(10) 我的汉语比你的不好。

➡ _____

5 주어진 단어를 순서대로 배열해 문장을 완성하세요.

(1) 和 / 我 / 情况 / 先 / 你 / 说 / 的 / 一下 / 吧 / 学校

➡ _____

(2) 告诉 / 有 / 你 / 什么 / 尽管 / 要求 / 我

➡ _____

(3) 进出口 / 我们 / 做 / 贸易 / 主要 / 公司

➡ _____

(4) 往来 / 我们 / 很多 / 有 / 世界上 / 国家 / 和 / 都 / 贸易

➡ _____

(5) 不是 / 吗 / 你 / 还 / 看 / 有关 / 历史 / 中国 / 过 / 的 / 书

➡ _____

(6) 给 / 我 / 同学 / 你们 / 来 / 介绍 / 新 / 一位

➡ _____

(7) 有 / 我 / 向 / 问题 / 想 / 你 / 一个 / 请教

➡ _____

(8) 帮助 / 要 / 你们 / 以后 / 一定 / 互相

➡ _____

(9) 是 / 今年 / 人数 / 出国 / 的 / 我们 / 的 / 国家 / 留学 / 最多

➡ _____

(10) 因为 / 病 / 我 / 去 / 了 / 没有 / 是 / 上课 / 我

➡ _____

初入公司

韩亚国际贸易公司是韩国的一家公司。公司主要进行国际贸易方面的工作，跟这个公司有生意往来的亚洲国家很多，其中跟中国的贸易额是最大的。李昌镐在中国学完汉语以后，来到了这家公司工作，公司现在很缺少汉语好的人，所以公司的人很欢迎他。

到公司的第一天，人事经理金先生给他介绍了公司的情况，并且带他到他要工作的市场部，介绍他认识了经理张浚成先生，张先生对李昌镐来工作很高兴，又给他介绍了其他同事。李昌镐也很高兴，因为他在这个公司工作，可以用他学过的汉语，还可以用他学过的国际贸易方面的知识。

1 다음 문장을 읽고 질문에 대답해 보세요.

(1) 韩亚公司是哪国的公司？

(2) 这是一个什么公司？

(3) 公司贸易对象是那些国家？

(4) 在这些有生意往来的国家里，最重要的是哪个国家？

(5) 公司为什么录用李昌镐？

(6) 李昌镐到公司的第一天做了什么？

(7) 人事经理姓什么？

(8) 市场部的经理是谁？

(9) 他们欢迎李昌镐吗？为什么？

(10) 到这家公司工作，李昌镐高兴吗？为什么？

2 본문 내용을 참고하여 자신의 회사와 동료에 대해 설명해 보세요.

간체자쓰기 <<< 필순에 따라 써보세요.

熟 shú	丶 亠 亣 亣 亯 亨 享 孰 孰 孰 孰 孰 熟 熟
悉 xī	丶 丿 丷 ⺤ 乎 采 采 采 悉 悉 悉
况 kuàng	丶 冫 冫 汩 汩 况 况
添 tiān	丶 冫 氵 沃 沃 沃 添 添 添 添
尽 jìn	𠃌 コ 尸 尺 尽 尽
管 guǎn	丿 𠂉 𥫗 竹 竹 竹 竹 竹 竹 竹 管 管
贸 mào	丶 ⺈ 丆 卯 卯 卯 留 贸 贸
易 yì	丨 冂 日 日 旦 旦 易 易
象 xiàng	丿 ⺈ 𠂉 龟 龟 争 争 象 象 象 象

01 请多指教 27

간체자쓰기

亚 yà	一 丅 亓 亓 亚 亚
洲 zhōu	丶 丶 氵 氵 汁 浉 洲 洲 洲
往 wǎng	丿 彳 彳 彳 彳 行 往 往
额 é	丶 丶 宀 宀 夕 安 客 客 客 客 客 额 额 额
录 lù	彐 ヨ 彐 寻 寻 寻 录 录
际 jì	阝 阝 阝 阝 际 际
指 zhǐ	一 十 扌 扩 拌 拌 指 指 指
缺 quē	丿 丄 匕 午 缶 缶 缶 缶 缺 缺
其 qí	一 十 廿 廿 甘 其 其 其

28

02

复印机在哪儿?
복사기는 어디에 있습니까?

New Words 1-04

秘书 mìshū [명] 비서
卫生间 wèishēngjiān [명] 화장실
幽默 yōumò [형] 유머스럽다
用品 yòngpǐn [명] 용품
专门 zhuānmén [형] 전문
需要 xūyào [형·명] 필요(로 하다)
条子 tiáozi [명] 쪽지. 메모
环境 huánjìng [명] 환경

里边儿 lǐbiānr [명] 안. 내부
抽 chōu [동] 피우다
复印 fùyìn [동] 복사하다
楼梯 lóutī [명] 계단. 층계
负责 fùzé [동] 책임지다. 담당하다
签 qiān [동] 서명하다. 사인하다
其实 qíshí [부] 사실은
走廊 zǒuláng [명] 복도

头儿 tóur [명] 끝. 기점
烟 yān [명] 담배
复印机 fùyìnjī [명] 복사기
拐角 guǎijiǎo [명] 모퉁이. 구석
管理 guǎnlǐ [동] 관리하다. 관할하다
签字 qiānzì 서명하다
根本 gēnběn [명·형] 근본. 전혀
由 yóu [전] …으로(부터)

● 고유명사

朴英美 Piáo Yīngměi [인명] 박영미

朴英美：李先生，请跟我来，我给您介绍一下我们的办公室。

张浚成：好的。麻烦您了。

朴英美：别客气，我是公司的秘书，我叫朴英美，这是我应该做的。

李昌镐：谢谢！

朴英美：您看，这就是我们的办公室，最里边儿的小房间是张经理的办公室。您的桌子在那边的窗户旁边，怎么样，满意吗？

李昌镐：当然满意，没问题。

朴英美：从我们办公室出去往左拐，走到头儿就是卫生间。往右拐，走到头儿就是我们的咖啡室和休息室，如果您抽烟的话，也可以在休息时间到那儿去。

李昌镐：很方便，但是，如果记错了，可就麻烦了！

朴英美：您真幽默！

朴英美：李先生，您在找什么？

李昌镐：啊，是朴小姐，我想用用复印机，但不知道在哪里。

朴英美：是这样啊，请您跟我来吧。您看，咱们公司的大部分办公用品都在楼梯拐角的这个房间里。这里有一位申小姐专门负责管理这些东西，您需要什么，也可以到这里来拿，只要签个字就可以了。

李昌镐：这真是太方便了。

朴英美：但是，其实您根本不用来。

李昌镐：为什么呢？

朴英美：因为您要做什么，或者需要什么，只要告诉我就可以了。如果我不在，您就写个条子放在我的桌子上，我回来以后就帮您办了。

李昌镐：那真的要谢谢你了。

朴英美：别客气，这是我的工作。

Note

1 « 最里边儿、窗户旁边、走到头儿、楼梯拐角

이 단어들은 중국어에서 방향을 나타내는 경우 자주 쓰이는 구어체의 비교적 복잡한 표현법이다. 비슷한 용법들은 '左边第二个', '靠外的那个' 등이 있다.

2 « 可就麻烦了

"可…了"도 중국어에서 정도를 표현할 때 자주 쓰이는 문장형식이다. '可…了' 사이에는 형용사 또는 형용사와 용법이 같은 구를 사용한다.

> 可漂亮了。
> 可冷了。
> 可气人了。

3 « 签个字

签字는 이합사이다. 한 개 단어처럼 쓰이기도 하고 기타 단어를 중간에 추가하여 동목구문 형식으로 사용되기도 하는 단어를 이합사라고 한다. 즉 분리되지 않았을 경우는 하나의 단어로 보고 분리된 경우에는 중간에 다른 단어가 삽입되면 구로 간주한다. '洗澡、理发、唱歌、跳舞'도 이와 같은 이합사이다.

문법설명

Grammar Note

1. 如果…的话

'如果'는 접속사이며, '的话'는 조사인데, '如果…的话'의 격식을 이루어 쓰이기도 한다. 가설 관계의 복문에서 주로 앞문장에 쓰인다. 문두 또는 문중에 '如果'를 써서 하나의 가설을 이끌어내고, 문미에 '的话'를 이용하여 호응하도록 하여 가설의 어기를 강조한다.
또한 먼저 결과 또는 결론을 말하고, 다시 '如果…的话'를 이용하여 추론적 가설에 근거하여 서술하기도 한다.

> 如果有什么问题的话，可以随时来问老师。
> 如果有时间的话，我也想去西藏旅游。
> 我一定要参加你们的生日晚会，如果公司没事儿的话。

2. 겸어문 (1)

有 + 명사(목적어/주어) + 술어

일종의 겸어문 형식으로 문장의 앞 술어는 동사 '有'이고, 연이어 '有'의 목적어가 온다. 또한 이 목적어는 뒷술어의 주어로 쓰인다. 이와 같이 목적어와 주어 역할을 하는 것을 겸어라고 부른다.

> 我有几个中国朋友来首尔了。
> 今晚有多少人参加你的生日晚会？
> 有一个韩国人给你打电话了。

3. 부사 其实

부사 '其实'는 화자가 이야기하고 있는 상황이 진실임을 나타내며, 동사 또는 주어 앞에 쓰인다. 또한 앞문장과 상반된 의미를 이끌어낼 수 있으며, 앞문장의 내용을 정정하거나 역시 보충할 수도 있다.

> 我以为学习韩国语很容易，其实很难。
> 看样子他像中国人，其实他是韩国人。
> 我们只知道他会说英语，其实他也会说汉语。

Grammar Drill

1 如果……的话
如果再认真一点儿的话，这次HSK一定能过八级。

能去中国留学
我想去北京大学

你去请朴先生
他一定会参加我们的讨论会

昨天上午动身
金小姐今天该到了

2 其实……
大家只知道他会写小说，其实他的画儿也画得不错。

看样子只有三十岁
她都四十多岁了

大家都知道她会做韩国菜
她的中国菜也做得不错

你们只知道金喜是一位演员
他还是一位翻译家

연습문제

Exercises

说 Speaking

1 다음 그림을 보고 대화를 완성해 보세요.

A：_____，请跟我来，我给你介绍_____。
B：好的，_____。

A：_____在哪儿？
B：_____就是_____。

A：这是我们的宿舍楼，_____。
B：我们的房间_____？

A：我带你上去看看吧，_____。
B：_____。

A：_____，快进来_____。
B：_____，你住哪张床？

A：以后我们就住在一起了，_____。
B：_____。

A：_____，你看见我的汉语书了吗？
B：没有，_____？

A：我怎么也想不起来_____。
B：啊，我找到了，_____。

Exercises

2 주어진 단어를 이용하여 이야기해 보세요.

秘书 / 办公室 / 最外边儿 / 电脑 / 用品 / 拐角
复印 / 传真 / 其实 / 条子 / 根本 / 幽默

 **Writing**

1 다음 보기에서 알맞은 단어를 찾아 빈칸에 써보세요.

보기   根本 里边儿 复印 用品 签字 管理 负责 其实 专门 幽默

(1) 我们经理在 _____，您请进吧。

(2) 他很喜欢开玩笑，是个很 _____ 的人。

(3) 昨天我去超市买了一些生活 _____ 。

(4) 麻烦你，这些资料要 _____ 三份。

(5) 经理，请您在这儿 _____ 。

(6) 这个工作是谁 _____ 的？

(7) 他只是不太喜欢说话，_____，他很聪明。

(8) 我 _____ 没学过韩国语，怎么能会说呢？

(9) 我是 _____ 来向你道歉的，上次真对不起。

(10) 这家公司现在 _____ 得很好，每年都赚很多钱。

2 주어진 단어를 이용하여 문장을 완성하세요.

(1) 我家在_____。（拐角）

(2) 她工作很忙，因为_____。（秘书）

(3) 请问，附近_____吗？（卫生间）

(4) 对不起，这儿_____。（抽烟）

(5) 老王，我_____，你知道在哪儿能买到吗？（需要）

(6) 昨天我上班的时候，发现_____。（条子）

(7) 大家就这样做吧，出了问题，_____。（负责）

(8) 对这个问题，_____很长时间。（专门）

(9) 怎么_____我已经有了一些想法。（管理）

(10) 虽然大家都不说，_____。（其实）

3 다음 문장의 빈칸에 알맞은 단어를 찾아보세요.

(1) 我们公司有 10 ____ 人。
　　A 口　　　　B 个　　　　　C 位　　　　　D 批

(2) 这个生词我学过，可是现在想不 ____ 。
　　A 上来　　　B 起来　　　　C 过来　　　　D 出来

(3) 火车 ____ 开了，他怎么还没来呀。
　　A 已经　　　B 正要　　　　C 就要　　　　D 正在

(4) 这个工作 ____ 我负责，你有什么问题问我就行了。
　　A 由　　　　B 被　　　　　C 于　　　　　D 把

(5) 我看他穿这件衣服 ____ 合适的。
　　A 多么　　　B 好　　　　　C 挺　　　　　D 太

(6) 你跟他开这样的玩笑，他 ____ 生气不可。
　　A 非　　　　B 能　　　　　C 会　　　　　D 没

(7) ____ 你打算不打算去西藏旅行，____ 告诉我一声。
　　A 不但…而且　B 只有…才　　C 无论…都　　D 如果…就

Exercises

(8) 我们认真 ____ 讨论了他提出的建议。
　　A 的　　　　B 地　　　　C 得　　　　D 着

(9) 你快来吧，我们都等着你 ____ 。
　　A 呢　　　　B 吗　　　　C 啦　　　　D 吧

(10) 我们分手以后 ____ 也没有见过他。
　　A 又　　　　B 都　　　　C 就　　　　D 再

4 다음 문장의 틀린 부분을 바르게 고쳐보세요.

(1) 今天晚上你去看电影或者去唱卡拉OK？

　　➡ _____

(2) 我们等了半天车就来了。

　　➡ _____

(3) 明年我还没来中国呢。

　　➡ _____

(4) 我又看看你的杂志好吗？

　　➡ _____

(5) 上星期妈妈再给我买了一件毛衣。

　　➡ _____

(6) 北京烤鸭我早就吃了。

　　➡ _____

(7) 京剧你看不看过？

　　➡ _____

(8) 他已经坐了公共汽车去你家。

　　➡ _____

(9) 今天的作业比昨天的作业不多。

　　➡ _____

(10) 我穿的太少了，觉得一点儿冷。

　　➡ _____

5 주어진 단어를 순서대로 배열해 보세요.

(1) 得 / 我 / 昌镐 / 非常 / 汉语 / 地道 / 说 / 听说

　　➡ _____

(2) 去 / 你 / 陪 / 不想 / 我 / 吃 / 想 / 韩国菜

　　➡ _____

(3) 了 / 你 / 学 / 画 / 得 / 画儿 / 怎么样

　　➡ _____

(4) 常常 / 她 / 在 / 看 / 周末 / 电视 / 吗 / 家

　　➡ _____

(5) 帮 / 你 / 的 / 行 / 时候 / 地图 / 超市 / 我 / 买 / 去 / 一张 / 不行

　　➡ _____

(6) 金顺 / 房间 / 和 / 在 / 朴先生 / 聊天 / 里 / 呢

　　➡ _____

(7) 替 / 你 / 我 / 能 / 向 / 个 / 老师 / 假 / 请 / 吗

　　➡ _____

(8) 我 / 和 / 还是 / 一起 / 你 / 不 / 去 / 电影 / 看 / 了

　　➡ _____

(9) 去 / 昨天 / 你 / 复印 / 没有 / 了

　　➡ _____

(10) 人 / 在 / 路边 / 看 / 站着 / 热闹 / 很多

　　➡ _____

Exercises

Reading 1-06

办公环境

韩亚国际贸易公司市场部的办公室很大,办公室最里边儿的小房间是经理张先生的办公室。李昌镐的桌子在窗户旁边。公司的秘书朴小姐给他介绍了公司的办公环境,她告诉李昌镐,从办公室出来,走廊左边最后一个房间是卫生间,右边最后一个房间是休息室,也是咖啡室。

公司的大部分办公用品都放在楼梯拐角的一个房间里,有一位申小姐专门负责管理,但是一般李先生自己不用来,因为如果他有什么事或者需要什么,只要通知朴小姐就可以了。朴小姐会帮他办好的。

1 다음 문장을 읽고 질문에 대답해 보세요.

(1) 市场部的办公室怎么样?

(2) 张经理的办公室在哪儿?

(3) 李昌镐的桌子在哪儿?

(4) 卫生间和休息室在哪儿?

(5) 公司的办公用品由谁管理?

(6) 办公用品放在什么地方?

(7) 李昌镐需要自己来吗?

(8) 谁可以帮他做这些工作?

(9) 为什么朴小姐要做这些事?

(10) 这一段课文的主要内容是什么?

2 본문 내용을 참고하여 신입사원(신입생)에게 자신의 업무(학교) 환경에 대해 설명해 보세요.

간체자쓰기 <<< 필순에 따라 써보세요.

秘 mì	ノ 二 千 千 禾 禾 私 秘 秘 秘
头 tóu	丶 丶 二 头 头
卫 wèi	フ ７ 卫
抽 chōu	一 ナ 扌 扌 扣 扣 抽 抽
烟 yān	丶 丶 火 火 灯 灯 炬 烟 烟
幽 yōu	ノ 幺 幺 幺 幺 幺 幽 幽
默 mò	丶 口 口 日 曰 甲 甲 里 黒 黑 黑 黒 默 默 默
印 yìn	ノ ヒ 上 卬 印
梯 tī	一 ナ 才 木 术 术 栏 杵 梯 梯 梯

02 复印机在哪儿? 41

간체자쓰기

专 zhuān	一 十 土 专 专　　专 专 专
负 fù	ノ ク ァ 冇 负 负　　负 负 负
责 zé	一 十 キ 主 丰 青 责 责　　责 责 责
签 qiān	ノ 亠 ナ 灬 灬 灬 灬 灬 笶 签 签 签　　签 签 签
条 tiáo	ノ ク 夂 冬 条 条 条　　条 条 条
根 gēn	一 十 オ 木 杠 杠 杠 柢 根 根　　根 根 根
环 huán	一 二 千 王 王 环 环 环　　环 环 环
境 jìng	一 十 土 圹 圹 圹 垆 垆 培 培 境 境 境　　境 境 境
廊 láng	丶 亠 广 广 庐 庐 庐 庐 庐 廊 廊　　廊 廊 廊

03

你是怎么学习的?
당신은 어떻게 공부했습니까?

New Words 1-07

水平 shuǐpíng [명] 수준. 능력
了解 liǎojiě [동] 이해하다
声调 shēngdiào [명] 성조
夸奖 kuājiǎng [동] 칭찬하다
模仿 mófǎng [동] 모방하다
间 jiān [명] 사이. 중간
快速 kuàisù [형] 속도가 빠른
过程 guòchéng [명] 과정

情况 qíngkuàng [명] 상황. 정황
对…来说 duì… lái shuō …로 놓고 말하면
意思 yìsi [명] 의미. 뜻
谦虚 qiānxū [형] 겸손하다
区别 qūbié [동] 구별하다
交流 jiāoliú [동] 교류하다
运用 yùnyòng [동] 활용하다
传真 chuánzhēn [명] 팩스

过奖 guòjiǎng [동] 지나치게 칭찬하다
流利 liúlì [형] 유창하다
好奇 hàoqí [형] 호기심 많다
提高 tígāo [동] 제고하다. 향상하다
捷径 jiéjìng [명] 첩경. 빠른 길
熟练 shúliàn [형] 능숙하다

一

朴英美：李先生，您有时间吗？

李昌镐：有，有什么事吗？

朴英美：我听说您的汉语水平很高，想问问您关于学习汉语的情况。

李昌镐：您过奖了。不过我倒是学过差不多一年的汉语，对汉语有一些了解。

朴英美：我听说汉语非常难，是这样吗？

李昌镐：我学习以前，也听说是这样，但真的学了，发现没有大家说的那么难。

朴英美：为什么呢？

李昌镐：因为对韩国人来说，汉语的发音并不是特别难，只有不多的几个发音比较难，还有就是声调比较难，但这一点对别的国家的人也一样。

朴英美：那么语法呢？

李昌镐：汉语的语法跟韩语很不一样，但习惯了就不难了。

朴英美：那您为什么说汉语不难呢？

李昌镐：因为汉语里的很多词跟韩语的词意思、发音都差不多，非常容易记住，有时候没学过的词也可以猜到意思。你说，这算不算容易呢？

二

朴信哲：小英，你的韩语越来越流利了。

林小英：是吗？谢谢你的夸奖，我觉得自己还差得远呢。

朴信哲：你太谦虚了，我很好奇，很多人都说韩语难学，你是怎么学的呢？

林小英：刚开始学习的时候，我也觉得韩语很难，特别是韩语的发音，开始有一些发音我根本听不出来。

朴信哲：那你是怎么解决这个问题的呢？

林小英：也没有什么特别好的办法，只能多听，认真模仿，等到学习的词汇多了，就知道这些发音的区别了。

朴信哲：那么其他方面你是怎么提高的呢？

林小英：其实这跟你学习汉语是一样的，多听多说多练习就是最好的办法。

朴信哲：是啊，学习语言，这真是最好的办法了。

林小英：我还有一个好办法。

朴信哲：是什么？

林小英：就是常常跟你们在一起啊。

朴信哲：哈哈，这个办法不仅对你有好处，对我们也一样啊。

1. 您过奖了

중국어에서 겸손을 나타낼 때 자주 쓰이는 표현이다. 자신이 상대방이 말하는 수준에 도달하지 못했음을 나타낸다.

　　　　A : 你的字写得真漂亮。
　　　　B : 哪里，哪里。您过奖了。

2. 我倒是学过差不多一年的汉语

여기서 '倒'는 어투를 완화시키는 작용을 하므로 '倒'를 사용하지 않을 경우에는 말투가 비교적 경직된 느낌을 준다.

　　　　能去看个电影倒不错。
　　　　你倒是个明白人。
　　　　他倒不是坏人，只是有时候不太聪明。

3. 你是怎么学的呢

'是…的'는 중국어에서 자주 쓰이는 문장형식이다. '是'와 '的' 사이에는 일반적으로 시간, 인물, 방식 등을 나타내는 표현이 쓰여 이미 발생한 일을 나타낸다. '是'는 생략할 수 있으나 '的'는 생략할 수 없다.

　　　　我(是)前天来的。
　　　　这件事是他告诉我的。
　　　　他坐飞机来的。

Grammar Note

1. 전치사 关于

전치사 '关于'는 사물과 대상을 이끌어내며, 목적어구를 이루어 관형어로 쓰일 수 있다. 이때, 중심어 앞에는 '的'를 써야 한다. 부사어로도 쓰이는데, 이때 문두에 놓이며, 쉼표를 이용하여 문장의 주어와 구분한다. 또한 '是…的'의 관용구에 삽입하여 표현하기도 한다.

我读了一本关于中国文化的书。

关于你们的建议，我们正在研究。

他告诉我的消息是关于球赛的。

2. 관용어 对…来说

'对…来说'는 고정격식으로 어떤 사람, 어떤 사람의 각도에서 보는 것을 나타내며, 뒤에는 결론 부분이 등장한다.

对她来说，身体比什么都重要。

对一个老师来说，怎么教好自己的学生是最重要的。

对一名大学生来说，最重要的任务是学习。

3. 特别是

'特别是' 두 개의 단문을 연결하여, 앞문장에서 가리키는 사람 또는 동일한 종류의 사물에서 단독으로 언급한 어떤 사람 혹은 사물에 관하여 설명한다. 즉, 훨씬 중요한 것 또는 훨씬 의의가 있는 것을 나타낸다. '特别是'는 '尤其'의 의미를 가지고 있으며 일반적으로 뒷문장의 문두에 쓰인다.

全班同学都来得很早，特别是金丽丽提前了一刻钟。

他非常喜欢运动，特别是打篮球。

这里风景优美，特别是在夏天。

문형

Grammar Drill

1 对……来说
对我来说，友谊比金钱更重要。

父母
孩子健康成长是最重要的

外国学生
跟中国人交流也是学习

工厂
产品质量是第一位的

2 特别是……
他喜欢郊游，特别是骑自行车郊游。

他爱好体育运动
爱好游泳

英子很想家
在生病的时候

金小姐做的菜很好吃
炖牛肉

연습문제

Exercises

说 Speaking

1 다음 그림을 보고 대화를 완성해 보세요.

A : 听说你只学了半年汉语，____?
B : ____，我注意____。

A : 看来，我得____。
B : 你太客气了，____。

A : 汉语发音真难，____?
B : 开始我也____，后来____模仿____。

A : 你的发音____。
B : 我觉得____。

A : 你来这儿____，习惯了吗？
B : ____，这儿的天气____。

A : 还有____?
B : ____。

A : 我看你电脑使用得很熟练啊！____?
B : ____，用的多了就____。

A : 你太谦虚了，_____。
B : ____，____多向你请教呢。

03 你是怎么学习的？ 49

Exercises

2 주어진 단어를 이용하여 이야기해 보세요.

水平 / 情况 / 了解 / 对…来说 / 流利 / 提高
谦虚 / 好奇 / 区别 / 交流 / 快速 / 熟练

 **Writing**

1 다음 보기에서 알맞은 단어를 찾아 빈칸에 써보세요.

보기　夸奖　谦虚　流利　过奖　好奇　倒　了解　声调　传真　意思

(1) 您 _____ 了，我汉语说得没有那么好。

(2) 我觉得他 _____ 没有生气。

(3) 你 _____ 这个人吗？

(4) 想不到你的外语这么 _____ 。

(5) 他学习很好，老师常常 _____ 他。

(6) 他总是说自己汉语水平不高，是个很 _____ 的人。

(7) 小孩子都有很强的 _____ 心。

(8) 这个词我没学过，你知道它的 _____ 吗？

(9) 小王，经理让你发的 _____ 你发了吗？

(10) 汉语有四个 _____ 。

2 주어진 단어를 이용하여 문장을 완성하세요.

(1) 你知道 _____ 。（区别）

(2) 我们学习外语 _____ 。（交流）

(3) 他的外语 _____ 吗？（流利）

(4) 每天努力学习 _____。（提高）

(5) _____，你放心吧。（水平）

(6) 猴子很喜欢_____。（模仿）

(7) 让小王去吧，_____。（情况）

(8) _____ 学习只能一点儿一点儿来。（捷径）

(9) _____ 说汉语就不难了。（熟练）

(10) 学会了的生词，_____。（运用）

3 다음 문장의 빈칸에 알맞은 단어를 찾아보세요.

(1) 因为昨天的事，他_____。
　　A 一点儿生气　　B 生气一点儿　　C 有点儿生气　　D 生气有点儿

(2) 汉语很难，但是____ 努力学习、认真学习，____ 一定可以学好。
　　A 即使…也　　B 无论…都　　C 只有…才　　D 只要…就

(3) 他把东西搬_____ 自己宿舍去了。
　　A 来　　B 在　　C 到　　D 过

(4) 这个晚会是_____ 他准备的。
　　A 为　　B 对　　C 由　　D 向

(5) 在中国，人们常常_____ 祖国比作母亲。
　　A 把　　B 让　　C 被　　D 给

(6) 这孩子_____ 长_____ 像她妈妈。
　　A 越…越　　B 又…又　　C 既…也　　D 边…边

(7) 我想了想，____ 不和你们一起去了。
　　A 就是　　B 还是　　C 而是　　D 只是

Exercises

(8) 昨天我去商店买了____裤子。
　　A 双　　　　B 件　　　　C 条　　　　D 套

(9) 听到我们叫他，他马上从楼上跑了____。
　　A 进来　　　B 下来　　　C 过来　　　D 上来

(10) 最近公司刚刚买了一____复印机。
　　A 张　　　　B 架　　　　C 台　　　　D 把

4 다음 문장의 틀린 부분을 바르게 고쳐보세요.

(1) 昌镐是跟朋友一起来中国学习。
　　➡ _____

(2) 几天没来上课，老师的话都不听懂了。
　　➡ _____

(3) 美英去了商店给姐姐买生日礼物。
　　➡ _____

(4) 早上8点我们出发学校。
　　➡ _____

(5) 我的口语成绩跟你的一样差不多。
　　➡ _____

(6) 他回国以后就给我打去一个电话。
　　➡ _____

(7) 今天晚上我把作业能写完。
　　➡ _____

(8) 银行的东边在公园。
　　➡ _____

(9) 他们常在教室里看看书。

➡ _____

(10) 我汉语说得不很流利。

➡ _____

5 주어진 단어를 순서대로 배열해 보세요.

(1) 少 / 那家 / 我的 / 公司 / 工资 / 给 / 太 / 了

➡ _____

(2) 早上 / 李经理 / 到 / 今天 / 首尔 / 刚 / 的 / 是

➡ _____

(3) 爸爸 / 我 / 给 / 他 / 让 / 中国 / 邮票 / 带些 / 回去

➡ _____

(4) 一直 / 从 / 往前 / 这儿 / 走 / 就 / 了 / 看见

➡ _____

(5) 星期天 / 去 / 比赛 / 我 / 常 / 看 / 也 / 足球

➡ _____

(6) 拿 / 请 / 来 / 给 / 一杯 / 我 / 茶

➡ _____

(7) 点 / 下午 / 我 / 操场 / 正在 / 篮球 / 呢 / 打

➡ _____

(8) 看病 / 上午 / 医院 / 去 / 没 / 你 / 去

➡ _____

(9) 课 / 他 / 那儿 / 下 / 去 / 了 / 就 / 你 / 了

➡ _____

(10) 我 / 想 / 不 / 下楼 / 吃饭 / 去

➡ _____

Exercises

外语学习

现在,学习外语的人越来越多了。很多人都认识到,外语就像打开不同世界大门的钥匙,有了这把钥匙,你就可以看到一个新的世界,知道一些新的知识。而且,现在国际间的文化、贸易交流越来越多,掌握一门外语,工作的机会也多了一些。

也有一些人觉得外语很难学,不知道怎么学才能学好。甚至常常有人希望找到一个捷径来快速地学好外语。其实,学习外语没有什么捷径,但是有一些方法比较有效倒是真的。比如,最好的学习方法是找到你要学习的语言的语言环境,比如留学,跟外国人交朋友,常常用外语交流等。还有就是要多听、多说、多练、多记。语言的运用是一个熟练的过程,只要多练习,一定会很快学会的。

1 다음 문장을 읽고 질문에 대답해 보세요.

(1) 课文认为外语是什么?

(2) 有了这把钥匙,你能得到什么?

(3) 为什么学好外语,工作的机会就多一些?

(4) 有人希望找到学外语的捷径,学外语有捷径吗?

(5) 课文里说到了几个学习外语的好方法?

(6) 你认为学习外语最有效的方法是什么?

(7) 课文说,语言的运用是一个熟练的过程,你同意吗?

(8) 你会说几种外语?

(9) 学习汉语最难的是什么?

(10) 你觉得自己的汉语水平怎么样?

2 자신의 중국어 학습에 관한 경험을 이야기해 보세요.

간체자쓰기 <<< 필순에 따라 써보세요.

奖 jiǎng	丶 丷 丬 爿 쑈 ㅛ 쑈 奖 奖
解 jiě	丿 ク 斤 角 角 角 角 角 解 解 解 解
声 shēng	一 十 士 吉 吉 吉 声
夸 kuā	一 ナ 大 太 态 夸
谦 qiān	丶 讠 讠 讠 讠 讠 讠 讠 谦 谦 谦
虚 xū	一 ト 卢 卢 虍 虍 虍 虚 虚 虚
奇 qí	一 ナ 大 太 奇 奇 奇 奇
模 mó	一 十 才 木 朾 栌 栌 栌 栟 楧 楧 模 模
仿 fǎng	丿 亻 亻 仿 仿 仿

03 你是怎么学习的？ 55

간체자쓰기

区 qū 　一 ㄏ 又 区
区 区 区

流 liú 　丶 丶 氵 氵 汸 汸 汸 浐 浐 流
流 流 流

捷 jié 　一 十 扌 扩 拧 拧 拧 捗 捗 捷 捷
捷 捷 捷

径 jìng 　丿 彳 彳 彳 𤴓 𤴓 径 径
径 径 径

速 sù 　一 ㄧ 丂 丂 申 束 束 速 速 速
速 速 速

运 yùn 　一 二 テ 云 运 运 运
运 运 运

程 chéng 　丿 二 千 千 禾 禾 𥠄 𥠄 程 程 程
程 程 程

传 chuán 　丿 亻 亻 仁 传 传
传 传 传

真 zhēn 　一 十 广 古 吉 肖 盲 直 真 真
真 真 真

56

04

倒霉透了。
정말 운수가 사납네.

New Words 1-10

经历 jīnglì [명] 경력. 경험
幸亏 xìngkuī [부] 다행히
客户 kèhù [명] 고객. 거래처
运气 yùnqì [명] 운세. 운수
对待 duìdài [동] 대응하다
真诚 zhēnchéng [형] 성실하다
脸色 liǎnsè [명] 안색. 혈색. 표정
售票员 shòupiàoyuán [명] 매표원
赶快 gǎnkuài [부] 빨리. 얼른
状况 zhuàngkuàng [명] 상황. 형편
态度 tàidù [명] 태도. 몸짓. 거동
效率 xiàolǜ [명] 효율. 능률
糟糕 zāogāo [형] 야단났군. 아차
材料 cáiliào [명] 재료. 자료
丢三落四 diūsānlàsì 건망증이 심하다
条理 tiáolǐ [명] 두서. 조리
影响 yǐngxiǎng [명] 영향. 반향. 반응

一

朴英美：李先生，你脸色不太好，有什么事吗？

李昌镐：别提了，我今天倒霉透了。

朴英美：怎么了？

李昌镐：早上出来我发现忘了带钥匙，我想没什么，反正办公室有人。

朴英美：就是啊，这也没什么啊。

李昌镐：可问题是，等我上了车，没多长时间就发现我的钱包也不见了。

朴英美：这可真的糟糕了。你忘了带呢还是被人偷走了？

李昌镐：现在我也不清楚，要等到晚上回家才知道。

朴英美：那公共汽车票怎么办的？

李昌镐：幸亏售票员相信我，告诉我下次坐车再给他就可以。

朴英美：那你应该觉得高兴才对。

朴信哲：小英，你怎么了，好像心情不大好。

林小英：是啊，我心情特别不好。

朴信哲：为什么？

林小英：昨天公司交给我一个翻译材料，说明天就要交给客户。

朴信哲：那有什么不高兴的，赶快翻译就行了呗。

林小英：昨天晚上我接到材料就翻译完了。

朴信哲：那你还有什么不高兴的？

林小英：问题是，今天早上起来以后，就找不到那个材料了。

朴信哲：怎么会呢？是不是谁跟你开玩笑，拿去了。

林小英：昨天根本就没人来过我的宿舍。

朴信哲：那你是不是放哪儿你自己忘了？

林小英：有可能，我平时就有个丢三落四的毛病。

朴信哲：那你就不用着急了，我陪你一起找找。

Note

1 « 有什么事吗

일반적으로 특별지칭의문문 뒤에는 '吗'를 쓸 수 없다. 그러나 여기에서 '什么'는 불특정한 것을 가리킨다. '谁'는 불특정한 사람을 '哪儿'은 불특정한 장소를 가리킨다.

谁说都行吗？

去哪儿玩儿一会儿怎么样？

2 « 就是啊，这也没什么啊。

'就是'는 '맞다 맞아. 그래 그래'의 뜻으로 동의를 나타낸다.

Grammar Note

1 « 정도보어 透

'透'는 형용사 또는 심리 활동을 나타내는 동사 뒤에 쓰여 보어 역할을 하며, 정도가 심함을 나타낸다. 주로 원치 않는 일에 쓰이며, 문미에 '了'와 함께 쓰인다.

刚走的那个中年人坏透了。

事情麻烦透了，你快来帮帮我吧。

屋里热透了，快把空调打开吧。

2 « 부사 反正

부사 '反正'는 어떠한 상황하에서도 결론이나 결과가 변하지 않음을 강조한다. 앞문장에는 일반적으로 '不论'、'不管'이나 또는 두 가지의 정반된 상황을 나타내는 단어가 쓰인다.

王老师来不来不一定，反正李老师是会来的。

Grammar Note

贵也好，便宜也好，反正我不买。

无论你怎么说，反正我不会同意的。

원인을 강조하기도 한다. 화자쪽에서 보면, 어떠한 결과 또는 결론의 주요 원인을 이끌어낸다. 비교적 주관적인 성향을 가지고 있다. '反正'은 주로 단문 주어 앞에 쓰인다.

反正我不懂韩国语，你可以随便骗我。

反正时间还早，就多坐一会儿吧。

下雨了，你就留下来吧，反正这儿也有地方。

3 ≪ 부사 幸亏

부사 '幸亏'는 어떠한 조건으로 인하여 좋지 않은 결과를 모면하였음을 나타낸다. 일반적으로 주어 앞에 쓰이며, 이익이 되는 조건을 나타낸다. 뒤에는 대부분 '才'、'要不' 등과 서로 호응하여 그 결과를 나타낸다.

幸亏你提醒，我才没把这件事给忘了。

幸亏给饭店打了电话，才吃上了北京烤鸭。

幸亏我认真复习了，要不就考砸了。

4 ≪ 어기조사 呗

어기조사 '呗'는 '行了' 또는 '就得了' 뒤에 쓰이며, 권유의 의미를 내포하고 있다.

你再重写一遍不就行了呗。

你多穿件衣服不就行了呗。

人家改了错误就得了呗。

Grammar Drill

1 反正……
你别着急，反正不是什么要紧的事情。

晚上下不下雨
我们都去上辅导课

无论你同意不同意
我要跟她结婚

咱们自己去吧
金英子不来了

2 幸亏……
幸亏带了地图，我们才没迷路。

给售票处打了电话
我才买到了飞机票

你开车送我
要不我就迟到了

我们来得早
才买到了HSK的书

연습문제

Exercises

说 Speaking

1 다음 그림을 보고 대화를 완성해 보세요.

A：____，看你的脸色____，____？
B：____，____摔了一跤。

A：严重吗？
B：不要紧的，_____。

A：____，你在找什么呢？
B：____，我的手机不知道____。
A：别着急，我帮你打一下。
（没听见手机铃响）
B：哎，可能____。
A：你总是丢三落四的____。

A：____，现在路上____。
B：现在快要____了，____。

A：我恐怕____，____请个假。
B：____。

A：____，你来帮我看看电脑好吗？
B：____？
A：真倒霉，我有个工作_____。
B：别着急，我____。

A：幸亏____，要不然____。
B：那你____。

Exercises

2 주어진 단어를 이용하여 이야기해 보세요.

经历 / 脸色 / 糟糕 / 幸亏 / 材料 / 客户
赶快 / 丢三落四 / 状况 / 条理 / 对待 / 态度

 Writing

1 다음 보기에서 알맞은 단어를 찾아 빈칸에 써보세요.

보기　同事　材料　经历　赶快　售票员　运气　条理　客户　影响　糟糕

(1) 他是我的 _____ 。

(2) _____ ，我的钥匙丢了。

(3) 他是公共汽车 _____ 。

(4) 昨天我跟一个 _____ 一起吃饭。

(5) 咱们 _____ ，别迟到了。

(6) 他 _____ 真好，找到了一个好工作。

(7) 他是个有 _____ 的人，桌子总是很整齐。

(8) 迟到不好，会 _____ 别人。

(9) 准备好 _____ 就可以开始工作了。

(10) 他有很丰富的 _____ ，知道很多事情。

2 주어진 단어를 이용하여 문장을 완성하세요.

(1) 他病了，_____ 。（脸色）

(2) _____ ，要不然我就麻烦了。（幸亏）

(3) _____ ，当然找不到东西了。（丢三落四）

64

(4) ＿＿＿＿＿＿＿＿＿＿，应该真诚。（对待）

(5) 这个售货员 ＿＿＿＿＿＿＿＿＿＿，我们换一个商店吧。（态度）

(6) 你能给我们讲讲 ＿＿＿＿＿＿＿＿＿＿ 吗？（经历）

(7) 请不要大声说话，＿＿＿＿＿＿＿＿＿＿。（影响）

(8) 我很饿，＿＿＿＿＿＿＿＿＿＿。（什么）

(9) ＿＿＿＿＿＿＿＿＿＿，工作效率比较高。（条理）

(10) ＿＿＿＿＿＿＿＿＿＿ 今天晚上一定要写完。（赶快）

3 다음 문장의 빈칸에 알맞은 단어를 찾아보세요.

(1) 他 ＿＿＿ 我们谈到的问题非常感兴趣。
　　A 对　　　　B 向　　　　C 跟　　　　D 和

(2) 这个问题我真不知道 ＿＿＿ 回答。
　　A 什么　　　B 这么　　　C 怎么　　　D 为什么

(3) 你总是这么丢三落四 ＿＿＿，就糟了。
　　A 的了　　　B 的话　　　C 地　　　　D 得

(4) 他没有买到回家的火车票，＿＿＿ 在这儿过年了。
　　A 只要　　　B 只好　　　C 只是　　　D 只

(5) 他的出现 ＿＿＿ 我们的生活带来了很多欢乐。
　　A 把　　　　B 对　　　　C 给　　　　D 使

(6) 在朋友的帮助 ＿＿＿，他终于找到了工作。
　　A 里　　　　B 上　　　　C 中　　　　D 下

(7) 那个人你能看 ＿＿＿ 是男是女吗？
　　A 出来　　　B 起来　　　C 上去　　　D 过来

(8) 他们已经分手很多年了，可她还是忘 ＿＿＿ 他。
　　A 不下　　　B 不完　　　C 不了　　　D 不好

Exercises

(9) ＿＿我们没有见过面，＿＿我们已经是朋友了。

　　A 虽然…但是　　B 因为…所以　　C 虽然…却　　D 如果…就

(10) 这里的衣服比那里 ＿＿ 便宜。

　　A 很　　　　　B 太　　　　　C 一点儿　　　　D 更

4 다음 문장의 틀린 부분을 바르게 고쳐보세요.

(1) 老师说话得太快，我没听清楚。

➡ _____

(2) 他感冒比我很厉害。

➡ _____

(3) 我们一直工作到很晚就睡觉了。

➡ _____

(4) 他的画儿我越看越很爱看。

➡ _____

(5) 我来中国以前才会说汉语了。

➡ _____

(6) 这件衣服太难看了，我不会穿。

➡ _____

(7) 他能参不参加我的生日晚会？

➡ _____

(8) 他不是中国人，不能说汉语。

➡ _____

(9) 他知道的没比我多。

➡ _____

(10) 我常常去了卡拉OK唱歌。

　　➡ _____

5 주어진 단어를 순서대로 배열해 보세요.

(1) 给 / 我 / 一封 / 用 / 发 / 了 / 信 / 弟弟 / E-mail

　　➡ _____

(2) 看 / 这本 / 了 / 我 / 小时 / 书 / 就 / 两个 / 完

　　➡ _____

(3) 歌唱 / 他 / 得 / 怎么样 / 不

　　➡ _____

(4) 可以 / 我 / 考 / 觉得 / 考试 / 得 / 还 / 这次

　　➡ _____

(5) 我 / 去 / 决定 / 以后 / 中国 / 大学 / 留学 / 毕业

　　➡ _____

(6) 公园 / 学校 / 漂亮 / 有 / 附近 / 非常 / 的 / 一个

　　➡ _____

(7) 好 / 要是 / 参加 / 去 / 你 / 我 / 能 / 替 / 考试 / 啊 / 多

　　➡ _____

(8) 翻译 / 我 / 这个 / 把 / 句子 / 成 / 了 / 汉语

　　➡ _____

(9) 这个 / 没有 / 问题 / 了 / 回答 / 我 / 对

　　➡ _____

(10) 安娜 / 多 / 要 / 三个 / 学习 / 每天 / 小时

　　➡ _____

Exercises

 1-12

处事态度

有时候,人会有一些坏运气。比如说,你要找的东西怎么找也找不到,你要做的事,怎么做也做不好等等。其实,这些都跟运气没什么关系,而是跟人的身体、心情、习惯等有关系。比如,如果你工作太累,身体状况不太好,做事出现问题的可能就比较大;心情不好、着急、生气等等也会使你觉得做事不顺利;还有一个比较重要的方面就是一个人的生活习惯,如果平时总是没有条理,丢三落四,那么在需要一些东西的时候就比较容易找不到。

有时候,一个人对待第一个出现的不顺利的事的态度也会影响到后面的事情,就是说,如果你把第一个不顺利的事看作坏运气的开始的话,后面的坏运气往往会跟着来;相反,如果你不是这样看,只是把出现的第一个问题看作一个单独的问题,解决了就没问题了,不影响你的心情的话,后面的事也会顺利得多。

1 다음 문장을 읽고 질문에 대답해 보세요.

(1) 你遇到过坏运气吗?

(2) 是什么样的坏运气?

(3) 根据课文,坏运气跟什么有关系?

(4) 对待坏运气应该是什么态度?

(5) 你遇到坏运气的时候是什么态度?

(6) 你觉得课文说得有道理吗?

2 자신이 겪었던 불운한 경험과 그 이유를 이야기해 보세요.

간체자쓰기 <<< 필순에 따라 써보세요.

历 lì	一 厂 万 历
幸 xìng	一 十 土 キ 去 查 卒 幸
售 shòu	ノ 亻 亻 亻 仁 仨 佳 隹 隹 售
材 cái	一 十 才 木 木 村 材
状 zhuàng	ヽ ソ 丬 丬 壮 状 状
待 dài	ノ ク 彳 彳 升 仕 往 待 待
态 tài	一 ナ 大 太 太 态 态 态
度 dù	丶 一 广 广 庄 庄 庐 度 度
响 xiǎng	丿 冂 口 口 响 响 响 响 响

1 他们在酒吧里看什么？ Tāmen zài jiǔbā li kàn shénme? 그들은 호프집에서 무엇을 시청하고 있나요?

- 可乐 kělè 콜라
- 汽水 qìshuǐ 사이다
- 冰淇淋 bīngqílín 아이스크림
- 柠檬水 níngméngshuǐ 레몬에이드
- 橙汁儿 chéngzhīr 오렌지주스
- 烧酒 shāojiǔ 소주
- 冰柜 bīngguì 냉동고
- 开罐器 kāiguànqì 통조림 따개
- 吸管 xīguǎn 빨대
- 火柴 huǒchái 성냥
- 蜡烛 làzhú 초
- 价格单 jiàgédān 가격표
- 柜台 guìtái 카운터
- 大屏幕 dàpíngmù 스크린
- 女服务员 nǚfúwùyuán 웨이트리스
- 烟灰缸 yānhuīgāng 재떨이
- 鱿鱼干儿 yóuyúgānr 마른 오징어
- 意大利面条 Yìdàlì miàntiáo 스파게티
- 辣年糕 làniángāo 떡볶이

❶ 韩国队加油！
　Hánguóduì jiāyóu!
　한국팀, 파이팅!

❷ 为韩国队干杯！
　Wèi Hánguóduì gānbēi!
　한국팀을 위하여, 건배!

❸ 我们再点一个鱿鱼丝。
　Wǒmen zài diǎn yí ge yóuyúsī.
　우리 마른 오징어를 하나 더 시킬게요.

❹ 真羡慕那一对情侣。
　Zhēn xiānmù nà yí duì qínglǚ.
　저 커플 정말 부럽다.

그림단어사전-연애 1

첫눈에 반하다
一见钟情 yíjiànzhōngqíng

연애 편지
情书 qíngshū

데이트
约会 yuēhuì

손을 잡다
牵手 qiānshǒu

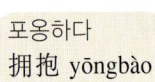

포옹하다
拥抱 yōngbào

키스하다
接吻 jiēwěn

짝사랑
暗恋 ànliàn

첫사랑
初恋 chūliàn

05

我想买去上海的飞机票。
상해에 가는 비행기표를 사고 싶습니다.

New Words 1-13

航空 hángkōng [명] 항공
号码 hàomǎ [명] 번호
铺 pù [명] 자리
到达 dàodá [동] 도착하다
时刻表 shíkèbiǎo [명] 시간표
春节 chūnjié [명] 음력설. 구정
选择 xuǎnzé [명·동] 선택(하다)

东方 dōngfāng [명] 동방
资料 zīliào [명] 자료
上铺 shàngpù [명] (열차의) 윗좌석
列车 lièchē [명] 열차
交通 jiāotōng [명] 교통
寒假 hánjià [명] 겨울방학
家乡 jiāxiāng [명] 고향

航班 hángbān [명] 운행표
硬卧 yìngwò [명] (열차의) 일반침대석
发车 fāchē [동] 발차하다
时刻 shíkè [명] 시간
安全 ānquán [형] 안전하다
暑假 shǔjià [명] 여름방학

● 고유명사
长沙 Chángshā [지명] 창사

一

李昌镐：您好，请问是航空公司订票处吗？

服务员：是的，请问您要订哪天的机票？

李昌镐：我想订两张后天到上海的机票。

服务员：后天什么时间？

李昌镐：后天早上的机票有吗？

服务员：有，是东方航空公司的航班。早上8:30的。

李昌镐：好的，就订这个票吧。

服务员：那么请问几位呢？

李昌镐：两位。

服务员：您能告诉我他们的姓名和身份证号码吗？

李昌镐：是两位韩国人，等一下我把他们的资料给你们传真过去吧，你能给我一个传真号码吗？

服务员：可以，我们的传真号码是：88576462。

李昌镐：好的，十分钟以后，我传给你。

服务员：好的，谢谢！再见。

Dialogue

林小英：你好，我想买一张星期四晚上到长沙的票。

服务员：星期四晚上的T41次，对吗？

林小英：对，请问有硬卧吗？

服务员：对不起，星期四晚上的硬卧没有了，从现在起到星期五T41次都没有硬卧了。

林小英：那么有没有别的车呢？

服务员：还有一趟车，K63，是到广州的，经过长沙，而且还有硬卧，不过也只有上铺了。

林小英：那没关系，我就买这个吧。

服务员：好的，您要的是星期四，24号晚上的K63到长沙的硬卧一张，对吗？

林小英：对。多少钱？

服务员：286元。

林小英：好的，给您钱。请问，发车和到达时间跟T41一样吗？

服务员：旁边就有列车时刻表，您自己看看吧。

林小英：好，谢谢！

해설

1 » 后天早上的机票有吗

본래의 어순은 '有后天早上的机票吗?'이며, 여기서는 '后天早上的机票'를 강조하기 위하여 도치문으로 표현하였다.

　　　　怎么了，你？

　　　　出什么事了，妈妈？

2 » 从现在起到星期五T41次都没有硬卧了。

'从…到…'의 형식은 공간, 시간, 행위 등의 범위를 나타낸다.

　　　　从这儿到机场很远。(공간)

　　　　从星期一到星期五都有课。(시간)

　　　　从大人到小孩儿都喜欢吃汉堡包。(행위)

3 » T41、K63

이것은 열차 운행번호이다.

Grammar Note

1. 동사 + 방향보어 过去

'过去'는 동사 앞에 쓰여 보어역할을 하며, 자신이 머무르던 장소를 떠나거나 지나가는 것을 나타낸다. 중간에 다른 성분이 삽입될 수도 있다.

我把通知书给金英送过去。

我给她递过一本词典去。

반대면이 자신을 향하고 있음을 의미한다. 단음절 동사 '翻、转、扭、回' 등의 동사 뒤에서 보어로 쓰이며 중간에 다른 성분을 넣을 수 있다.

朴经理把信封翻过去，看了看上面的日期。

金先生转过身去看看谁叫他。

정상적인 상태를 잃었음을 나타내며 좋지 않은 의미로 주로 쓰인다. 동사 '晕、死' 등의 뒤에서 보어로 쓰이며, 이때 다른 성분은 넣을 수 없다.

听到这个消息，她一下子晕过去了。

我不会死过去的。

상황의 경과, 동작이 완성됨을 나타낸다. 보어로 쓰이며 중간에 다른 성분을 넣을 수 있다.

河不太宽，我能游过去。

他那么聪明，你能骗得过他去？

2. 从…起…

시간이나 장소 명사 등과 함께 결합하며 어떠한 상황의 시작 시간이나 위치를 나타낸다.

从现在起，我不再吸烟了。

从明天起，我每天晚上去汉语辅导班学习。

3. 접속사 不过

뒷 문장의 문두에 쓰여 전환을 나타낸다. 앞 문장에 대해 제약을 가하거나 수정을 한다. '但是'보다 약하고 구어체에서 주로 쓰인다.

我没什么大病，不过是有点感冒。

我学过这个词，不过现在忘了念什么。

Grammar Drill

1 从……起……

从下星期一起，我每天晚上都去上汉语辅导班。

下周一
我每天晚上都要去
饭店打工

9月1号
我每天早上七点来
教你们太极拳

下学期
你们班就有翻译
课了

2 不过……

我学过，不过现在忘了念什么。

那电影很有意思
看的人不多

我租的房子不太大
房间里的设备很全

虽然外边下着大雪
一点儿也不冷

78

说peaking

1 다음 그림을 보고 대화를 완성해 보세요.

A：＿＿，是汽车公司吗？
B：＿＿，您有什么需要？
A：我们本周日要去长城，＿＿？
B：＿＿，你们多少人？

A：谢谢！＿＿。
B：＿＿。

A：＿＿，还有今晚音乐会的票吗？
B：有，＿＿？
A：我要两张，有靠前一点儿的座位吗？
B：有，但是价格＿＿。

A：谢谢。
B：＿＿。

A：＿＿，还有房间吗？
B：＿＿，您要＿＿？
A：我要＿＿，客人是韩国人，＿＿？
B：请你提供＿＿。

A：这样就可以了吗？
B：＿＿，可以了。

A：＿＿，您这儿今晚还有包间吗？
B：请问＿＿，＿＿？
A：大概10个人，晚上6点半吧。
B：＿＿？
A：我姓＿＿，电话＿＿＿＿。
B：好的，＿＿。

05 我想买去上海的飞机票

Exercises

2 주어진 단어를 이용하여 이야기해 보세요.

航空 / 航班 / 资料 / 号码 / 到达

交通 / 安全 / 选择 / 到达 / 时刻

写 Writing

1 다음 보기에서 알맞은 단어를 찾아 빈칸에 써보세요.

| 보기 | 到达 航班 时刻表 航空 号码 安全 长沙 硬卧 资料 发车 |

(1) 哪个 _____ 公司的服务最好？

(2) 你的电话 _____ 是多少？

(3) 你知道 _____ 这个城市吗？

(4) 火车几点 _____ ？

(5) 我们已经 _____ 北京了。

(6) 我想买一张 _____ 票。

(7) 我要去图书馆查 _____ 。

(8) 你坐哪个航空公司的 _____ ？

(9) 要做火车，应该先看看列车 _____ 。

(10) 出去旅行要注意 _____ 。

2 주어진 단어를 이용하여 문장을 완성하세요.

(1) 中国是一个 _____。（东方）

(2) 客户 _____，不能告诉别人。（资料）

(3) _____ 想去哪儿就可以去哪儿。（交通）

(4) ＿＿＿＿＿＿＿＿＿＿＿＿ 你要回家乡吗？（春节）

(5) 真不知道 ＿＿＿＿＿＿＿＿＿＿。（选择）

(6) ＿＿＿＿＿＿＿＿＿＿＿＿ 我打算去南方旅行。（寒假）

(7) ＿＿＿＿＿＿＿＿＿＿＿＿ 服务态度特别好。（航空）

(8) ＿＿＿＿＿＿＿＿＿＿＿＿，一定要给我打电话。（到达）

(9) 我已经坐上了 ＿＿＿＿＿＿＿＿＿＿。（列车）

(10) 你家的 ＿＿＿＿＿＿＿＿＿？（号码）

3 다음 문장의 빈칸에 알맞은 단어를 찾아보세요.

(1) 这件事不太着急，过两天 ____ 说也行。
A 才　　　　B 再　　　　C 又　　　　D 还

(2) 这座楼跟那座楼 ____。
A 一样高　　B 高一样　　C 高很多　　D 高差不多

(3) 他说，爸爸是他的榜样，他 ____ 爸爸的影响最大。
A 对　　　　B 跟　　　　C 受　　　　D 给

(4) 我们常在学校门前的那 ____ 树下玩儿。
A 朵　　　　B 枝　　　　C 张　　　　D 棵

(5) 实际上，他的年龄比我 ____ 小。
A 还　　　　B 很　　　　C 不　　　　D 一样

(6) 我刚刚看了通知，考试的时间 ____ 星期一 ____ 星期二，你记错了。
A 不是…而是　B 不是…就是　C 不但…而且　D 不管…都

(7) 什么时候出发，我们还没决定 ____。
A 出来　　　B 不了　　　C 下来　　　D 不来

(8) 我 ____ 回宿舍拿件衣服，____ 我们一起去吃饭。

Exercises

    A 本来…后来 B 先…再   C 开始…以后 D 先…然后

(9) 这件大衣一定是他的，我看见他穿____。
  A 了   B 过   C 着   D 的

(10) ____ 他的要求，我们会尽量满足。
  A 由于   B 对于   C 根据   D 关于

4 다음 문장의 틀린 부분을 바르게 고쳐보세요.

(1) 昨天我没看完了足球比赛就睡着了。

 ➡ _____

(2) 信昨天已经寄出了。

 ➡ _____

(3) 买红色的还是买白色的都可以。

 ➡ _____

(4) 我已经很长时间没见面他了。

 ➡ _____

(5) 麦克游泳得非常快。

 ➡ _____

(6) 他的太极拳打得好打得不好？

 ➡ _____

(7) 电影8点就开始呢。

 ➡ _____

(8) 我没看你的书，我不知道你把它放在哪儿了。

 ➡ _____

(9) 这道题你做没对。

 ➡ _____

(10) 晚上我和朋友聊了一点儿天。

　　➡ _____

5 주어진 단어를 순서대로 배열해 보세요.

(1) 西边 / 我们 / 有 / 一个 / 学校 / 公园

　　➡ _____

(2) 没有 / 今天 / 你 / 的 / 听懂 / 语法 / 了

　　➡ _____

(3) 我 / 就 / 打 / 电话 / 完 / 洗澡 / 去

　　➡ _____

(4) 旅行 / 我 / 西安 / 想 / 火车 / 坐 / 去

　　➡ _____

(5) 字 / 不如 / 的 / 得 / 写 / 我 / 好 / 金珠

　　➡ _____

(6) 他 / 比赛 / 最 / 看 / 喜欢 / 足球

　　➡ _____

(7) 写 / 玛丽 / 汉字 / 能 /20个 / 一分钟

　　➡ _____

(8) 我 / 茶馆 / 想 / 去 / 到 / 看看

　　➡ _____

(9) 都 / 我 / 感兴趣 / 中国 / 对 / 的 / 一切

　　➡ _____

(10) 打算 / 假期 / 哪儿 / 你 / 去

　　➡ _____

Exercises

 1-15

出门旅行

现在，因为各种原因出门旅行的人越来越多了。有的人是因为要到别的地方学习，有的人是因为到外地工作，也有人只是为了到一个自己不熟悉的地方去玩儿玩儿，看看。这就带来了一个新的问题，就是交通，怎么才能更快、更安全地到达自己想去的地方呢？

在中国，大部分人还是选择了火车这种方式，跟汽车比较起来，火车更舒服，也更快，更安全，而且也比飞机便宜很多。但要坐火车的人太多，也有一些新的问题，比如，到了春节、寒假、暑假等时间，买火车票就比较难了。当然，这不是一个简单的问题，可能还要很长时间才能使人们在买火车票的时候不觉得难。

如果事情比较急，那人们就会选择飞机，因为大部分时间飞机票都不是特别难买的，只是有时会贵一点儿，有时就比较便宜。

1 다음 문장을 읽고 질문에 대답해 보세요.

(1) 人们为什么要出门旅行？

(2) 旅行的人多了，有什么问题？

(3) 大部分中国人选择什么方式出门？

(4) 为什么人们选择火车？

(5) 坐火车有什么问题？

(6) 这个问题现在能解决吗？

(7) 除了火车，人们还可以选择什么？

(8) 什么时候人们选择飞机？

(9) 为什么选择飞机？

(10) 飞机的票价一直一样吗？

2 평상시 주로 이용하는 교통 수단과 그 이유를 설명해 보세요.

간체자쓰기 <<< 필순에 따라 써보세요.

东 dōng	一 ㄁ 午 东 东
沙 shā	丶 丶 氵 沙 沙 沙 沙
硬 yìng	一 ァ ィ 石 石 石 矴 硈 硈 硬 硬
卧 wò	一 丆 丆 匚 ㄸ 臣 臣 臤 卧
铺 pù	ノ ㄅ ㄠ ㅌ 钅 钉 钉 铂 铂 铺 铺
刻 kè	丶 亠 亥 亥 亥 亥 刻 刻
全 quán	ノ 人 ᅀ 今 全 全
春 chūn	一 二 三 声 夫 表 春 春 春
寒 hán	丶 丷 宀 宀 宀 宙 宙 寀 寒 寒 寒

05 我想买去上海的飞机票

그림단어사전 - 연애 2

플레이보이
花花公子 huāhuā gōngzǐ

실연당하다
失恋 shīliàn

삼각관계
三角关系 sānjiǎo guānxi

다투다
吵嘴 chǎozuǐ

발렌타인데이
情人节 qíngrénjié

선물하다
送礼物 sòng lǐwù

여행가다
旅行 lǚxíng

기다리다
等 děng

06

多少年没见了。
몇 년만에 만났네.

New Words   1-16

整 zhěng [형] 온전하다
毕业 bìyè [동] 졸업하다
医科 yīkē [명] 의과
中药 zhōngyào [명] 한약
体验 tǐyàn [동] 체험하다
上级 shàngjí [명] 상사
尊重 zūnzhòng [동] 존중하다
办 bàn [동] 처리하다
随着 suízhe [부] …에 따라
观念 guānniàn [명] 관념. 생각
发达 fādá [형] 발달하다

嗨 hāi [조] 하. 허
读 dú [동] 공부하다
医生 yīshēng [명] 의사
辞职 cízhí [동] 사직하다
聚会 jùhuì [명] 모임
下属 xiàshǔ [명] 부하
喜爱 xǐ'ài [동] 좋아하다
确实 quèshí [부] 확실히
发展 fāzhǎn [동] 발전하다
完全 wánquán [부] 완전히. 전혀
呆 dāi [동] 머무르다

高中 gāozhōng [명] 고등학교
研究生 yánjiūshēng [명] 대학원생
中医 zhōngyī [명] 한의
亲自 qīnzì [부] 몸소. 직접
学历 xuélì [명] 학력
金钱 jīnqián [명] 금전
人际 rénjì [명] 사람과 사람 사이
寂寞 jìmò [형] 고독하다
现代 xiàndài [명] 현대
服务业 fúwùyè [명] 서비스업

● 고유명사

崔永涣 Cuī Yǒnghuàn [인명] 최영환

一

崔永涣：昌镐，能找到你真不容易啊，我问了很多人，才知道你的电话。

李昌镐：是啊，这么多年不见，刚接到你的电话，真不敢相信是你。

崔永涣：说起来，我们有五六年没有见面了吧？

李昌镐：可不是嘛！从高中毕业就没见过面，算起来整整七年了。

崔永涣：怎么样，昌镐，这些年过得好吗？

李昌镐：嗨，也没什么特别的，高中毕业读大学，大学毕业又读研究生，现在在一家贸易公司工作，你呢，你这几年是怎么过的？

崔永涣：我嘛，你知道的，高中毕业考上了一个医科大学，大学毕业以后，先做了几年医生，后来开始对中医中药感兴趣，就辞了职，来中国学习中医。

李昌镐：你说得对，我在中国也看过中医，有时候真的比西医还有效。

崔永涣：所以我就来中国了，想亲自体验和了解一下。

林小英：这次回去,我们高中同学聚会了一次,特别有意思。

朴信哲：你跟你的同学们已经几年没见面了吧?

林小英：是啊,大部分同学都三四年没见过面了。大家高中毕业以后见面的机会就不多了。

朴信哲：那你的同学们现在生活都怎么样呢?

林小英：大部分同学跟我差不多,正在读大学,但也有高中毕业没有考上大学的,就工作了。

朴信哲：他们的工作理想吗?

林小英：没有那么理想,现在在中国,学历还是非常重要的。

해설

1 《 医科、人际

이 단어들은 일반적인 형용사와는 다르게 명사 앞에만 쓰이며 구별작용을 한다. 다른 형용사와 달리 중첩할 수도 없고 정도부사의 수식도 받을 수 없다. 따라서, 구별사라고 불리기도 한다.

2 《 算起来

여기에서 '起来'는 방향보어로서 파생용법으로, '어떤 측면을 언급하다'라는 의미를 나타낸다. 자주 쓰이는 표현으로는 '说起来、提起来、谈起来' 등이 있다.

   算起来他已经去美国十多个月了。
   他一提起来这件事就上火。

3 《 三四年没见过面了

중국어에서는 인접되어 있는 수사로 대략적인 수를 나타낸다.

   七八十个人
   二三百本书

Grammar Note

1. 부사 真

부사 '真'은 어떠한 사물이나 상황에 대한 사실을 긍정하거나 확인을 나타낸다. 이러한 긍정과 확인의 정도는 매우 높고 어느 정도의 감정적 색채를 지니고 있으며, '实在'와 '的确'의 의미를 내포하고 있다.

> 这家饭馆儿的菜味道真不错，我以后还来吃。
> 这次旅游真把我累坏了，我得好好休息几天。
> 你的小女孩长得真漂亮。

2. 可不是

상대방의 의견이나 생각에 동의함을 나타내며 구어체에서 주로 쓰인다.

> A：做饭真是一件麻烦事。
> B：可不是。

> A：好久没见到李老师了。
> B：可不是嘛，咱们下午去看看他吧。

3. …先…后来…

'先'과 '后来'는 모두 부사이다. '…先…后来…'의 격식을 이루어 시간이나 앞뒤 순서의 연속관계를 나타낸다. '后来'는 관련된 또 다른 동작이나 상황이 과거의 일정 시간이 경과된 후에 발생하였음을 나타낸다.

> 我们先在上海学习汉语，后来去了北京。
> 他先同意了我的要求，后来改变了主意。
> 金先生先在中学当老师，后来辞了职，留学去了。

4. 부사 亲自

중요하게 여겨 자신이 직접 처리하였음을 강조한다.

> 这件事还得你自己亲自去办。
> 这么点儿事还用您亲自来吗？
> 为了欢迎我从国外回来，爸爸亲自给我做饭。

Grammar Drill

1 …… 真 ……

那位翻译汉语说得真好，跟中国人差不多。

这本HSK辅导书编得 好
你也买一本吧

你做的韩国泡菜 好吃
我想带走一些

今天的汉语考试 难
我不知道能不能及格

2 …… 先 …… 后来 ……

他先做了几年西医，后来开始对中医感兴趣。

这件事我
告诉了班长
告诉了老师

中国菜我
吃着不习惯
吃得多了就习惯了

他在中国留学时
学了两年汉语
转为学中医了

说 Speaking

1 다음 그림을 보고 대화를 완성해 보세요.

A：＿＿＿，王老师，＿＿＿。
B：是啊，算起来也有＿＿＿。
A：我回国以后这还是第一次见面呢，＿＿？
B：我挺好的，工作＿＿＿＿＿，你呢？

A：我很想学校看看，＿＿＿。
B：＿＿＿。

A：你好，好久不见了。
B：＿＿＿，整整＿＿＿。
A：两年的时间，公司＿＿＿。
B：＿＿＿，很多同事＿＿＿。

A：什么时候有空？＿＿＿。
B：随时都可以。

A：已经有 10 年＿＿＿。
B：是啊，学校变化＿＿＿。
A：我记得＿＿＿。
B：现在＿＿＿。

A：不知道＿＿＿。
B：有机会我们聚聚，好好聊聊。

A：昨天晓英给我打了一个电话。
B：是吗？＿＿＿。
A：＿＿＿，我们也有三四年没联系了。
B：她最近＿＿＿？

A：她说下个月要来北京。
B：那我可以＿＿＿。

Exercises

2 주어진 단어를 이용하여 대화해 보세요.

毕业 / 医生 / 中药 / 辞职 / 亲自

体验 / 尊重 / 喜爱 / 确实 / 发展

写 Writing

1 다음 보기에서 알맞은 단어를 찾아 빈칸에 써보세요.

> 보기 上级 亲自 尊敬 整 毕业 中药 金钱 聚会 医科 辞职

(1) 你大学 ＿＿＿＿＿ 几年了？

(2) 因为医生这个行业很受欢迎，所以很多人都要考 ＿＿＿＿＿ 大学。

(3) 只听别人说，还是不明白，你应该 ＿＿＿＿＿ 去看看。

(4) 我工作了 ＿＿＿＿＿ 五年了。

(5) 上个星期我们同学 ＿＿＿＿＿ 了。

(6) 他是我的 ＿＿＿＿＿ 。

(7) ＿＿＿＿＿ 不是最重要的。

(8) 大家都 ＿＿＿＿＿ 老师。

(9) 他现在没有工作，他 ＿＿＿＿＿ 了。

(10) 很多中国人生病的时候都喜欢吃 ＿＿＿＿＿ 。

2 주어진 단어를 이용하여 문장을 완성하세요.

(1) 他大学毕业以后，＿＿＿＿＿＿＿＿＿＿＿＿＿＿。（研究生）

(2) 想知道中国的情况，＿＿＿＿＿＿＿＿＿＿＿＿＿＿。（体验）

(3) 他小学毕业，_____。（学历）

(4) 他有很多朋友，_____。（人际）

(5) 我_____，你问问别人吧。（确实）

(6) _____，人们的生活越来越好。（随着）

(7) _____，学汉语的人也越来越多。（发展）

(8) 常常出去玩儿玩儿，跟朋友们一起聊聊天儿，_____。（寂寞）

(9) 现在工作不好找，_____。（辞职）

(10) 这个演员演得很好，_____。（喜爱）

3 다음 문장의 빈칸에 알맞은 단어를 찾아보세요.

(1) 他学习汉语是 ____ 了解中国的历史和文化。
　　A 因为　　　B 为了　　　C 因此　　　D 因而

(2) 既然你不喜欢他，____ 不和他分手呢？
　　A 怎么样　　B 是不是　　C 为什么　　D 那么

(3) 你的宿舍楼一共几 ____ ？
　　A 间　　　　B 个　　　　C 号　　　　D 层

(4) 其实他只比弟弟 ____ 。
　　A 大得一岁　B 一岁大　　C 大一岁　　D 一岁大了

(5) ____ 是失败，我们 ____ 要坚持下去。
　　A 即使…也　B 只有…才　C 如果…也　D 虽然…但是

(6) ____ 能否参加这次活动，他兴趣不大。
　　A 对　　　　B 就　　　　C 当　　　　D 连

(7) 我们已经整整7年没见面了，真希望能 ____ 见到他。
　　A 又　　　　B 就　　　　C 都　　　　D 再

Exercises

(8) 他身体不好，这么高的山他能坚持 ____ 吗？
　　A 下来　　　　B 下去　　　　C 过来　　　　D 过去

(9) 他回国以后 ____ 我们写了很多封信。
　　A 让　　　　B 给　　　　C 问　　　　D 往

(10) 上午的考试，我整整做了 ____ 才做完。
　　A 两个半小时　B 两半个小时　C 半两个小时　D 两个小时半

4 다음 문장의 틀린 부분을 바르게 고쳐보세요.

(1) 请你把窗户开，好吗？
　➡ _____

(2) 我看了电视一个晚上。
　➡ _____

(3) 我中午从来睡觉。
　➡ _____

(4) 顺子来中国已经一个年了。
　➡ _____

(5) 他们比我们来得不晚。
　➡ _____

(6) 你买了衣服比我买了衣服好。
　➡ _____

(7) 我们国家冬天冷跟北京一样。
　➡ _____

(8) 十天前他回来了中国。
　➡ _____

(9) 这个人叫什么名字我怎么也想不出来了。

➡ _____

(10) 这件衣服他已经穿着一个星期了。

➡ _____

5 주어진 단어를 순서대로 배열해 보세요.

(1) 这套 / 那套 / 比 / 房子 / 房子 / 一万元 / 贵

➡ _____

(2) 我们 / 他 / 一个 / 等 / 多 / 了 / 小时

➡ _____

(3) 不是 / 你 / 要 / 参加 / 吗 / 书法 / 报名 / 比赛

➡ _____

(4) 我 / 的 / 书 / 妈妈 / 要 / 给 / 买 / 已经 / 回来 / 我 / 了

➡ _____

(5) 我 / 在 / 他 / 马路 / 看见 / 对面

➡ _____

(6) 这个 / 不对 / 句子 / 翻译 / 你 / 得

➡ _____

(7) 在 / 躺着 / 床上 / 呢 / 看书 / 他

➡ _____

(8) 一样 / 我的 / 她的 / 书包 / 颜色 / 跟

➡ _____

(9) 朋友 / 这本 / 从 / 那儿 / 画报 / 借 / 来 / 的 / 是

➡ _____

(10) 才 / 老师 / 几遍 / 了 / 好 / 他 / 懂 / 讲

➡ _____

人际关系

在中国文化中，人和人的关系非常重要。一般中国人认为，自己和上级、下属、同事的关系，自己和家庭的关系都是最重要的。除了上面说的两种关系以外，再有就是朋友之间的关系了。大部分人觉得朋友比金钱更重要。朋友多的人总是受到人们的尊重和喜爱。人们说这样的人人际关系好。有时候，要办一些事情，也确实需要朋友们的帮助，而且，有了朋友，就不太容易寂寞。

当然，随着社会的快速发展，现代人的观念跟以前也不完全一样了。比如说，现在服务业比较发达，人们在生活方面需要朋友的帮助已经不像以前那么多了；而且，现在的城市生活越来越忙，人们越来越没有时间跟朋友在一起了。因此，现在有很多都市里的年轻人，下班以后找不到朋友，只能一个人呆在家里了。

1 다음 문장을 읽고 질문에 대답해 보세요.

(1) 中国文化中，什么非常重要？

(2) 一般中国人认为哪几种关系很重要？

(3) 人们对朋友多的人的看法是好还是不好？

(4) "人际关系好"是什么意思？

(5) 为什么人们认为朋友很重要？

(6) 现在人们的想法跟以前一样吗？

(7) 为什么现在的人朋友越来越少？

(8) 你认为朋友多好还是朋友少好？

(9) 你自己朋友多吗？

(10) 你跟朋友在一起常常做什么？

2 친구와의 관계, 또는 사람과의 관계 속에서 발생할 수 있는 문제를 토론해 보세요.

간체자쓰기 <<< 필순에 따라 써보세요.

嗨 hāi	丶 丨 口 口 口 口 口 口 口 口 口 口 嗨 嗨 嗨 嗨
研 yán	一 ナ イ 石 石 石 石 石 研 研
究 jiū	丶 丷 宀 宀 宀 宀 究 究
科 kē	一 二 千 千 千 千 千 科 科
药 yào	一 十 艹 艹 芍 芍 芍 药 药
辞 cí	一 二 千 千 舌 舌 舌 舌 舌 舌 辞 辞 辞
聚 jù	一 丁 丌 开 耳 耳 取 取 取 聚 聚 聚 聚 聚
金 jīn	ノ 人 人 亼 仐 仐 余 金
钱 qián	ノ 一 上 乍 钅 钅 钅 钱 钱 钱

06 多少年没见了 99

간체자쓰기

尊 zūn	丶 丷 并 酋 酋 酋 酋 酋 蒪 尊 尊
确 què	一 丆 丌 石 石 矶 矶 砢 砢 确 确 确
寂 jì	丶 丷 宀 宀 宀 宀 宇 穼 宓 宓 寂
寞 mò	丶 丷 宀 宀 宀 宊 宊 宲 宲 宲 寞 寞 寞
展 zhǎn	一 コ 尸 尸 尸 屈 屈 屏 展 展
呆 dāi	丶 一 口 口 罒 呆 呆

07

欢迎你们。
어서들 오십시오.

New Words 1-19

分公司 fēngōngsī [명] 지점. 지사	酒店 jiǔdiàn [명] 호텔	周到 zhōudào [형] 세심하다
工作餐 gōngzuòcān [명] 업무중에 제공되는 식사	以 … 为 ~ yǐ… wéi~ …을 ~로 해서	
总公司 zǒnggōngsī [명] 본사	关照 guānzhào [동] 돌보다	食 shí [명] 음식
聚餐 jùcān [명.동] 회식(하다)	古 gǔ [명] 과거. 옛날	古话 gǔhuà [명] 고어. 옛말
普通 pǔtōng [형] 보통이다	讲究 jiǎngjiū [동] 중히 여기다	商业 shāngyè [명] 상업. 비즈니스
伙伴 huǒbàn [명] 동반자	双方 shuāngfāng [명] 쌍방	感情 gǎnqíng [명] 감정
宴请 yànqǐng [동] 초대하다	适当 shìdāng [형] 적당하다	回请 huíqǐng [동] 답례로 초대하다
合作 hézuò [동] 합작하다	往往 wǎngwǎng [부] 왕왕. 늘	亲热 qīnrè [형] 친근하다
沟通 gōutōng [동] 소통하다	标准 biāozhǔn [명] 표준. 기준	

一

赵勇：两位是张浚成和李昌镐先生吧？

李昌镐：是的，你是……？

赵勇：张先生、李先生，你们好，我是上海分公司的赵勇，我们经理让我来接你们。

张浚成：赵先生，你好！谢谢！

赵勇：别客气，你们路上辛苦了，请跟我来，车在外边。

李昌镐：好的。我们现在去哪儿？

赵勇：我们经理说，您二位刚到，先到酒店休息一下，中午我们工作餐，下午开会，晚上经理要请您二位吃饭，张先生，您看这样安排可以吗？

张浚成：没问题，你们想得很周到，谢谢！

赵勇：您别客气了，来，我们上车吧。

申经理：来，张经理、李先生，咱们干一杯！

张浚成：好，我们也有几年没有一起喝酒了。

申经理：是啊，上次我们一起吃饭还是我们在韩国总公司开会的时候呢。

李昌镐：我刚来公司不久，以后请申经理多多关照。

申经理：哪里哪里，你太客气了，我们以后互相帮助吧。

张浚成：来，咱们再喝一杯，以后大家都是同事，也是好朋友，有事都可以互相帮助。

申经理：没错。两位吃点儿菜吧，一会儿菜都凉了。

Note

1 ≪ 两位、您二位、你们

중국어에서 양사 앞에는 일반적으로 '两'을 쓰고 '二'을 쓰지 않는다. 단, 직접 마주하고 대화를 하는 경우에는 '你们二位', '您二位'라고 쓸 수 있다. 여기에서 높임말로 쓰이는 '您'은 복수형식이 없으므로 '您们'이라고 표현하지 않고 존중을 나타내려면 '您二位'라고 표현하여야 한다.

两位请慢走。

您二位这边请。

2 ≪ 中午我们工作餐

본문에서 '工作餐' 앞에는 동사 '吃'가 생략되었는데, 원래의 문장은 '中午我们吃工作餐'이며, 구어체에서만 쓰이는 표현이다.

晚上'金山城火锅', 我请客。
(= 晚上我们去'金山城火锅'店吃火锅, 我请客。)

Grammar Note

1. 겸어문 (2)

$$\cdots 让 + (명사/대명사) + \frac{목적어}{주어} + 술어$$

일종의 명령을 나타내는 겸어문 형식이다. 첫번째 동사가 사역과 허락의 의미의 '让'이고 연이어 '让'의 목적어가 놓인다. 이 목적어는 또 뒷 술어의 주어 역할을 한다. 이렇게 문장에서 목적어이면서도 주어 역할을 하는 성분을 겸어라고 한다. 여기에서는 대명사 또는 사람을 가리키는 명사가 겸어로 쓰였다.

来晚了，让你久等了。

爸爸让我在这里等你。

是谁让金小英把这件事告诉你的？

2. 看

'看'은 여기에서 관찰의 의미에 판단의 의미가 추가되었다. 주어는 인칭대명사가 놓이며, 목적어는 술어성의 단어(형용사, 동사구, 주어구, 의문대명사 등)가 쓰인다.

你看我穿这件衣服合适吗？

到现在李明还没来，我看他今天不会来上课了。

这样做，我看可以，你看怎么样？

3. 没错

'没错'는 '没错儿'라고도 표현할 수 있으며, 구어체에서 주로 쓰이는 대답이다. 상대방이 말한 상황이나 의견에 대해서 긍정을 나타내며, '对、对的'와 의미가 동일하다.

A : 这是李老师在唱歌吗？真好听！

B : 没错！

A : 金小姐跟中国人结婚是真的吗？

B : 没错儿。

문형

Grammar Drill

1 겸어문(2) 让 + (명사/대명사) 목적어/주어 + 서술어

她要出国留学，你就放心让她去吧。

孩子想学汉语
你就　学吧

金英子要跟同学去旅游
她父母　去了

她现在也没办法
你　回家跟妈妈商量一下儿吧

2 ……看……

经理，您看我们这样安排可以吗？

老师 您　这句话这样翻译可以吗

妈妈 您　我今天穿这件衣服上班去可以吗

张经理 您　我们工作餐吃韩国饭行吗

说peaking

1 다음 그림을 보고 대화를 완성해 보세요.

朴：____，是____吧？
李：是，你是____？
朴：我是____，公司派____，您辛苦了，请____。
李：谢谢！我们现在____？

朴：您看这样安排可以吗？
李：____，____。

A：____，欢迎你到____，快进来坐。
B：谢谢，____。
A：您喝点儿什么？
B：____。

A：今晚您就在这儿吃点儿便饭吧！
B：____，____。

A：请问，张经理____？
B：请问____？
A：我是____，我____。
B：您稍等一下，我先打个电话。
（打电话后）
B：好的，张经理请您到他的办公室去。
A：____，____。

A：这段时间在你们这，给你们____。
B：哪里，您太客气了，我们____。
A：你们招待的____，我在这里____。
B：欢迎您____。

A：再见。
B：____。

Exercises

2 주어진 단어를 이용하여 이야기해 보세요.

周到 / 关照 / 以…为… / 普通 / 讲究 / 商业
双方 / 感情 / 宴请 / 适当 / 合作 / 往往

Writing

1 다음 보기에서 알맞은 단어를 찾아 빈칸에 써보세요.

보기 商业 亲热 分 双方 关照 以…为… 讲究 周到 古话 沟通

(1) 上海的公司是我们的 _____ ，总公司在北京。

(2) 他想得特别 _____ ，我们都很满意。

(3) 我来公司工作时间不长，不过大家都很 _____ 我。

(4) 我们要 _____ 客户的要求 _____ 标准。

(5) 你们都别生气了，我看 _____ 都有不对的地方。

(6) 他穿衣服总是很 _____ 。

(7) 在 _____ 社会里，很多东西都跟钱有关。

(8) 很多 _____ 都很有道理。

(9) 我们是多年的老同学了，见面以后很 _____ 。

(10) 能更好地跟外国人 _____ 是我们学习外语的主要目的。

2 주어진 단어를 이용하여 문장을 완성하세요.

(1) 我们经理 _____，跟我们差不多。（普通）

(2) 我常常想起小时候，_____。（伙伴）

(3) 能不能在一起生活，_____。（感情）

(4) 为了祝贺我们的合作，＿＿＿＿＿＿＿＿＿＿。（宴请）

(5) 现在我们还不能决定，＿＿＿＿＿＿＿＿＿＿。（适当）

(6) 如果发音不好，＿＿＿＿＿＿＿＿＿＿。（往往）

(7) 谢谢你请我吃饭，＿＿＿＿＿＿＿＿＿＿＿。（回请）

(8) 我不去你家里住了，＿＿＿＿＿＿＿＿＿＿。（酒店）

(9) 公司的工作很忙，＿＿＿＿＿＿＿＿＿。（工作餐）

(10) 我们两家公司做的生意差不多，＿＿＿＿＿＿＿＿＿。（合作）

3 다음 문장의 빈칸에 알맞은 단어를 찾아보세요.

(1) 酒店 ＿＿＿ 公司不远。
  A 离   B 从   C 在   D 到

(2) 他一顿能吃两 ＿＿＿ 面条。
  A 根   B 杯   C 碗   D 盆

(3) 这本书我已经看了两 ＿＿＿ 了，还想再看。
  A 趟   B 回   C 次   D 遍

(4) 周末的时候，小明 ＿＿＿ 地和爸爸妈妈一起出去玩儿。
  A 高高兴兴   B 高兴高兴   C 高兴一下   D 高一下兴

(5) 他们 ＿＿＿ 感情好 ＿＿＿ 总是互相关照。
  A 只要…就   B 不但…而且   C 虽然…但是   D 一边…一边

(6) 他刚刚 ＿＿＿ 了好几个电话，但都不是找他的。
  A 接   B 听   C 打   D 收

(7) 你去商场，＿＿＿ 帮我买一瓶牛奶好吗？
  A 随便   B 一般   C 随时   D 顺便

(8) 他在工作 ＿＿＿ 一直非常认真。
  A 之上   B 之下   C 方面   D 中间

Exercises

(9) 他的普通话听 ____ 很标准。
A 上来　　　　B 起来　　　　C 出来　　　　D 下去

(10) 钥匙 ____ 我的同屋拿走了。
A 把　　　　　B 叫　　　　　C 给　　　　　D 使

4 다음 문장의 틀린 부분을 바르게 고쳐보세요.

(1) 我没有比弟弟高。
➡ _____

(2) 他有我这么聪明。
➡ _____

(3) 我看着他跑出去教室了。
➡ _____

(4) 他把一张报纸拿给我看。
➡ _____

(5) 他一进宿舍就看见我贴着墙上的照片。
➡ _____

(6) 我们家乡的天气越来越很冷了。
➡ _____

(7) 电视声音太大，你刚才说什么我没听懂。
➡ _____

(8) 我们给你把东西搬进来屋里吧。
➡ _____

(9) 到中国以后，他一直没有写信给我。
➡ _____

(10) 今天没堵车，10分钟才到了。

→ _____

5 주어진 단어를 순서대로 배열해 보세요.

(1) 在 / 坐 / 最 / 的 / 男 / 那个 / 前边 / 的 / 我们 / 是 / 经理

→ _____

(2) 上 / 桌子 / 一盆 / 着 / 花 / 摆

→ _____

(3) 高 / 楼 / 这座 / 没有 / 那座 / 那么

→ _____

(4) 到 / 像 / 到 / 家 / 就 / 自己 / 他 / 家 / 一样

→ _____

(5) 拐角 / 他们 / 楼梯 / 复印机 / 把 / 到 / 放 / 了 / 那儿

→ _____

(6) 他 / 了 / 丢 / 不 / 把 / 小心 / 护照

→ _____

(7) 电话 / 要是 / 我 / 想 / 去 / 就 / 你 / 给 / 打

→ _____

(8) 没有 / 因为 / 婚礼 / 有事 / 参加 / 他 / 我们 / 的

→ _____

(9) 这件 / 感动 / 让 / 我 / 事 / 很

→ _____

(10) 问题 / 这么 / 小孩子 / 简单 / 的 / 连 / 懂 / 都

→ _____

Exercises

 Reading 1-21

聚餐宴请

"民以食为天"是中国的一句古话，可见，"吃"在中国是多么重要的事。不但普通家庭非常讲究每天吃什么，怎么吃，而且很多重要的商业活动也跟"吃"有关系。大部分做生意的人都喜欢跟自己的生意伙伴一起吃饭，因为一般中国人认为，一起吃饭可以使双方的感情更好，事情也更容易办。所以，外国人来中国做生意，一定要了解中国的这个特点，如果你不接受你的生意伙伴的宴请，那生意做得恐怕就没有那么顺利，同时也应该在适当的时候回请中国人，这样也能使你的生意伙伴觉得你尊重他，愿意跟他合作。有时候，一些生意上的问题在开会的时候可能不容易解决，但在吃饭的过程中却可以得到解决。

朋友聚会也常常以吃饭为主要的形式，当然，这些时候，吃什么往往不是那么重要，重要的是，大家坐在一起，像家人一样亲热，很多事情就比较好沟通了。

1 다음 문장을 읽고 질문에 대답해 보세요.

(1) 请猜一猜"民以食为天"是什么意思？

(2) 普通家庭讲究什么？

(3) 做生意的人喜欢怎么做？

(4) 为什么中国人喜欢一起吃饭？

(5) 如果有人请你吃饭，你应该怎么办？

(6) 跟生意伙伴一起吃饭有什么好处？

(7) 朋友聚会的时候，大家常常一起干什么？

(8) 一起吃饭的时候，什么不太重要？

(9) 你喜欢这种沟通的方式吗？

(10) 在你们国家，有这样的习惯吗？

2 한국에서 사업을 하는 경우 접대문화와 관련된 문제를 토론해 보세요.

간체자쓰기 <<< 필순에 따라 써보세요.

餐 cān	、 ㄧ ㅏ ㄆ ㄆ ㄆ ㄆ 餐 餐 餐 餐 餐 餐 餐
总 zǒng	、 ㄧ ㄧ ㄧ 总 总 总 总 总
普 pǔ	、 ㄧ ㄧ ㄧ ㄧ ㄧ 並 普 普 普 普
伙 huǒ	ノ 亻 亻 亻 伙 伙
伴 bàn	ノ 亻 亻 亻 伫 伴 伴
感 gǎn	一 厂 厂 厂 后 后 咸 咸 咸 感 感 感
宴 yàn	、 丶 宀 宀 宀 宀 宴 宴 宴 宴
适 shì	ノ 二 千 千 舌 舌 适 适 适
沟 gōu	、 丶 氵 氵 汋 沟 沟

07 欢迎你们

그림단어사전 - 사무용품

노트
笔记本 bǐjìběn

가위
剪刀 jiǎndāo

연필
铅笔 qiānbǐ

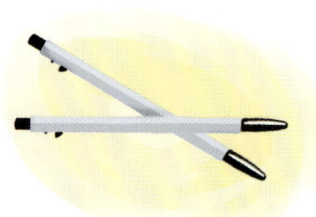

볼펜
圆珠笔 yuánzhūbǐ

압정
图钉 túdīng

스카치테이프
苏格兰胶带 sūgélán jiāodài

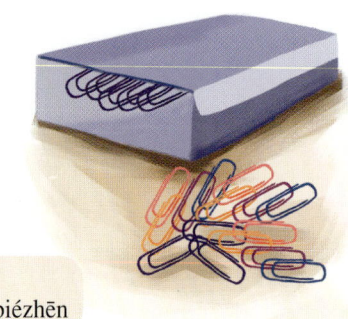

클립
别针 biézhēn

스태플러
订书机 dìngshūjī

08

复习 1
복습 1

New Words 1-22

哦 ó [조] 아. 어머
特色 tèsè [명] 특색
谈不上 tánbushàng …라고 말할 수 없다
舞厅 wǔtīng [명] 춤 추는 홀
因此 yīncǐ [접] 그래서. 그러므로
钓 diào [동] 낚다. 낚시질하다
郊区 jiāoqū [명] 교외지역

再说 zàishuō [접] 게다가
风格 fēnggé [명] 풍격. 품격
不仅…而且~ bùjǐn… érqiě~ …뿐만 아니라
茶馆 cháguǎn [명] 중국의 구식 다방
户外 hùwài [명] 야외. 옥외
钓鱼 diào yú 물고기를 낚다

酒吧 jiǔbā [명] 술집. 바
娱乐 yúlè [명] 오락. 즐거움
剧院 jùyuàn [명] 극장
爬 pá [동] 기다. 기어오르다
打牌 dǎ pái 마작을 하다

본문

十月中旬，李昌镐跟张浚成经理来到上海，他们见到了中国的申经理。

谈完工作后，申经理请他们来到一家有名的上海饭店。在这里吃饭的人很多，有中国人，也有外国人。申经理为他们点的都是很有特色的中国菜。饭后，申经理问他们吃得怎么样？李昌镐高兴地说："哦，非常好，非常好！我们不仅吃了有特色的菜，而且喝了很好的酒。谢谢你！"申经理觉得时间还早，再说，明天他们就要回国了，就请他们到别的地方再玩一会儿，李昌镐和张浚成经理就同意了。

因为李昌镐和张浚成经理对上海都不熟悉，所以申经理给他们介绍了上海不同风格的酒吧。在韩国的时候，李昌镐跟张浚成经理常去酒吧，现在很想知道上海的酒吧是什么样子，于是，他们跟着申经理来到了一家很漂亮的酒吧。他们三个人一边喝酒，一边聊天，既轻松又愉快。

他们聊天的时候，申经理问李昌镐和张浚成经理平时常常怎么休息。张浚成经理说他喜欢到各种风格的酒吧坐坐。李昌镐说他比较喜欢唱歌，下班后常跟朋友们一起去卡拉OK。申经理认为李昌镐唱得好听，因此喜欢去卡拉OK。李昌镐客气地解释，好听谈不上，只是因为每天工作太累，唱唱歌能放松一下儿。

申经理和张经理都同意李昌镐的说法，认为音乐能让人比较轻松。他们越聊越高兴。最后，张浚成经理希望再来上海的时候，如果有时间可以一起去唱歌，还可以进行一次唱歌比赛。

说 Speaking

1 다음 그림을 보고 대화를 완성해 보세요.

A：听说我们公司附近新开了一家滑冰馆。
B：是吗？不知道_____。
A：好像不错，价格也_____。
B：要不，我们今晚_____，_____？

A：再叫几个人一起_____。
B：好，我_____。

A：今天玩儿得_____。
B：我们再找个地方跳跳舞，_____？
A：好啊，我喜欢_____，跳舞可以_____。
B：就去_____，那儿很有特色，灯光_____。

A：那我们快结帐，走吧。
B：_____。

A：你知道最近_____在北京开演唱会吗？
B：_____，在什么地方？
A：好像_____。
B：我非常喜欢他的_____，真是_____！我可是_____。

A：不知道今天有没有，我们_____，_____？
B：_____，_____。

Exercises

A: 最近天气不错,我们一起去郊游, ____?
B: 我也____,郊游既____又____。
A: 是啊,我们可以一边____,一边____。
B: 多约一些朋友____。

A: 那就这么决定吧,我负责____。
B: 没问题, ____。

2 주어진 단어를 이용하여 이야기해 보세요.

再说 / 特色 / 风格 / 谈不上 / 娱乐 / 因此

户外 / 爬山 / 钓鱼 / 不仅…而且…

 **Writing**

1 다음 보기에서 알맞은 단어를 찾아 빈칸에 써보세요.

보기　爬山　因此　户外　酒吧　风格　茶馆　特色　打牌　钓鱼　再说

(1) 今天时间不多了, _____ ,天气也不好。

(2) 我周末常常去 _____ ,因为我很喜欢喝啤酒。

(3) 这种 _____ 的衣服你喜欢吗?

(4) 我喜欢 _____ ,但其实我不喜欢吃鱼。

(5) 北京的香山很漂亮,周末我们去 _____ 怎么样?

(6) 天气太冷, _____ 我们都不想出去。

(7) 这个餐厅很有 _____ 。

(8) 我不常常出去,因为我不太喜欢 _____ 运动。

Exercises

(9) 再找两个人，我们 _____ 吧。

(10) 我们去 _____ 喝茶怎么样？

2 주어진 단어를 이용하여 문장을 완성하세요.

(1) 他说汉语说得还可以，不过 _____。（谈不上）

(2) 到了中国，_____。（不仅……而且……）

(3) 大家都不想去，_____。（因此）

(4) 他上班很不方便，_____。（郊区）

(5) 现在没有时间，_____。（再说）

(6) _____，我觉得样子没有关系。（风格）

(7) _____，我们应该常常出去玩儿。（户外）

(8) _____，别吃这些每天都吃的菜。（特色）

(9) 我最喜欢 _____，因为我不喜欢喝咖啡。（茶馆）

(10) 周末有时间吗？_____。（钓鱼）

3 다음 보기에서 알맞은 단어를 찾아 보세요.

(1) 他今天穿的这 ____ 衣服很精神。
　　A 条　　　　B 头　　　　C 身　　　　D 次

(2) 我从小就学习唱歌，也谈不 ____ 喜欢。
　　A 上　　　　B 来　　　　C 着　　　　D 了

(3) 这个学期我们一共有 4 ____ 课。
　　A 科　　　　B 项　　　　C 个　　　　D 门

(4) 他 ____ 走路 ____ 吃零食的习惯很不好。
　　A 又…又　　B 也…也　　C 一边…一边　　D 既…又

(5) 看着他这个样子，我真不知怎么跟他说 ____ 好。
　　A 就　　　　B 才　　　　C 很　　　　D 只

(6) 可能要下雨了，我看你 ____ 别出去了。
　　A 就是　　　　B 或者　　　　C 还是　　　　D 而是

(7) 我的房间很小，住不 ____ 这么多人。
　　A 进　　　　B 下　　　　C 起　　　　D 上

(8) 我还没吃饭 ____。
　　A 了　　　　B 的　　　　C 呢　　　　D 吗

(9) 他在中国生活了20年，怎么可能不 ____ 说汉语？
　　A 会　　　　B 应该　　　　C 要　　　　D 能

(10) 我先把作业做完，____ 再去酒吧找你们。
　　A 以后　　　　B 后来　　　　C 然后　　　　D 最后

4 다음 문장의 틀린 부분을 바르게 고쳐보세요.

(1) 他们坐飞机来北京从法国。

　➡ _____

(2) 我们家乡的气候比这里一样好。

　➡ _____

(3) 来中国以前，我把京剧没看过。

　➡ _____

(4) 他喜欢躺着床上看书。

　➡ _____

(5) 他的房间关门，他一定不在房间里。

　➡ _____

(6) 从东边跑一个人过来。

　➡ _____

(7) 我爸爸跟你爸爸一样年龄。

　➡ _____

Exercises

(8) 他写作业完了。

　　➡ _____

(9) 对不起，你的杯子让我破了。

　　➡ _____

(10) 因为他生病得很厉害，但是还能来上班。

　　➡ _____

5　주어진 단어를 순서대로 배열해 보세요.

(1) 被 / 他 / 小偷 / 钱包 / 的 / 偷 / 了 / 走

　　➡ _____

(2) 早就 / 我 / 把 / 想 / 书 / 中文 / 翻译 / 这本 / 成 / 了

　　➡ _____

(3) 小说 / 看不懂 / 这本 / 看得懂 / 你

　　➡ _____

(4) 下来 / 他 / 把 / 都 / 喜欢 / 生词 / 记

　　➡ _____

(5) 留学生 / 暑假 / 旅行 / 的 / 学校 / 组织 / 外地 / 时候 / 去

　　➡ _____

(6) 要 / 我 / 还 / 在 / 下去 / 这儿 / 下学期 / 学

　　➡ _____

(7) 哪儿 / 就 / 哪儿 / 我 / 的 / 便宜 / 去 / 东西

　　➡ _____

(8) 菜 / 我们 / 什么 / 那儿 / 很 / 都 / 辣

　　➡ _____

(9) 很 / 我们 / 生活 / 一定 / 能 / 好 / 得

　　➡ _____

(10) 这 / 画儿 / 幅 / 地方 / 在 / 什么 / 挂 / 呢 / 好

→ _____

娱乐方式

现在，人们业余时间可以选择的娱乐方式越来越多了。比如可以跟朋友们一起去唱卡拉OK，也可以去舞厅跳舞，还可以去咖啡馆喝咖啡，当然，茶馆、电影院、剧场、公园，人们可以去的地方非常多。

由于平时的工作学习都比较累，因此周末人们一般都要找个地方休息一下。除了上面说的这些，还有很多人喜欢户外活动，比如爬山、钓鱼、打球等各种活动。这些活动不仅可以使人放松，而且可以锻炼身体，让人更健康。

也有一些人喜欢打牌、看电视等娱乐方式，但大部分人还是认为户外活动对人更好，所以，现在到了周末，郊区就成了人们最喜欢去的地方。

1 다음 문장을 읽고 질문에 대답해 보세요.

(1) 现在，人们业余时间可以选择的娱乐方式有哪些？

(2) 为什么人们周末都要休息一下？

(3) 户外活动有哪些？

(4) 户外活动有哪些好处？

(5) 打牌、看电视好不好？

(6) 现在到了周末，人们常去什么地方？

(7) 除了课文里说的，你还知道哪些娱乐方式？

(8) 你最喜欢的娱乐方式是什么？

(9) 业余时间你喜欢跟朋友在一起还是喜欢自己玩儿？

(10) 最累的时候，你喜欢怎么休息？

2 가장 좋아하는 여가생활이 있다면 이야기해 보고 그것의 단점과 장점을 설명해 보세요.

간체자쓰기 <<< 필순에 따라 써보세요.

哦 ò	丶 口 口 口 吖 吁 呼 哦 哦 哦
格 gé	一 十 才 才 木 杪 柊 杦 格 格
娱 yú	ㄑ 女 女 女 妒 妒 妒 娛 娱
厅 tīng	一 厂 厅 厅
茶 chá	一 十 艹 艹 艾 苁 苓 茶 茶
爬 pá	丿 丆 爪 爪 爬 爬 爬
钓 diào	丿 卜 卜 钅 钅 钓 钓
仅 jǐn	丿 亻 仅 仅
郊 jiāo	丶 亠 𠂇 六 亦 交 郊 郊

그림단어사전-컴퓨터 1

데스크탑
台式电脑 táishì diànnǎo

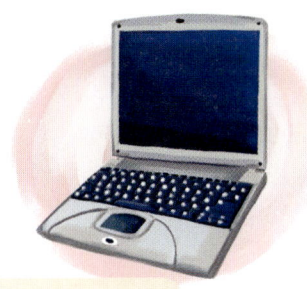

노트북
笔记本电脑 bǐjìběn diànnǎo

본체
主机 zhǔjī

모니터
显示器 xiǎnshìqì

스피커
音箱 yīnxiāng

키보드
键盘 jiànpán

디스켓
磁盘 cípán

마우스
鼠标 shǔbiāo

2 他们在表演什么？ Tāmen zài biǎoyǎn shénme? 그들은 무엇을 공연하고 있나요?

- 马戏 mǎxì 서커스
- 空中飞人 kōngzhōng fēirén 공중곡예
- 走钢丝 zǒu gāngsī 줄타기
- 熊猫滚球 xióngmāo gǔn qiú 팬더 공 굴리기
- 熊猫 xióngmāo 팬더
- 老虎穿火圈 lǎohǔ chuān huǒquān 호랑이 불 통과하기
- 老虎 lǎohǔ 호랑이
- 驯猴儿 xùn hóur 원숭이의 조련
- 驯狗 xùn gǒu 개의 조련
- 驯兽师 xùnshòushī 조련사
- 魔术 móshù 마술
- 小丑 xiǎochǒu 광대
- 摩托车技 mótuōchējì 오토바이 곡예
- 顶椅 dǐng yǐ 의자 위의 평형 곡예
- 转碟 zhuàn dié 접시 돌리기
- 跳板 tiàobǎn 널뛰기 곡예
- 车技 chējì 자전거 곡예

❶ 那个小丑表演得真滑稽。
Nà ge xiǎochǒu biǎoyǎn de zhēn huáji.
그 광대의 공연은 정말 익살스러워.

❷ 大熊猫滚球好可爱呀！
Dàxióngmāo gǔn qiú hǎo kě'ài ya!
팬더가 공 굴리기는 모습은 너무 귀엽다!

❸ 走钢丝的那个人真厉害！
Zǒu gāngsī de nà ge rén zhēn lìhai.
줄 타기 하는 사람은 정말 대단해!

❹ 快看！老虎开始穿火圈了。
Kuài kàn, lǎohǔ kāishǐ chuān huǒquān le.
어서 봐봐. 호랑이가 불을 통과하고 있어.

중국문화이야기 1

색채에 대한 중국인의 풀이

색은 일종의 자연 현상이다. 비록 여러 가지 색에 대해 각 민족의 인식이 완전히 동일하지는 않지만, 대체적으로는 일치한다. 더욱이 이러한 색채어는 한 민족의 문화, 가치관념, 신앙 등과 결합하여 다른 문화적 함의가 생겨난다.

一, 황색(黃色)

모두 알다시피 중국 고대의 황제는 일반적으로 다들 황색의 의복을 입거나, 황색을 바탕색으로 하는 의복을 입었다.

음양오행설에 따르면, 황제는 동서남북 사방을 통치하는 최고통치자이다. 황제는 중앙(중원지방)에 거처하기 때문에, 황색은 토지의 색이요, 따라서 황제라 칭하는 것이다. 한나라 때에 이르러 음양오행설에다 "왕권신수(君权神授)"의 유학사상과 결합되어, 황색의 풀이에 대해서 신학과 유학의 관점도 포괄하게 되었다. 한대(汉代) 반고(班固)가 지은 《백호통의(白虎通义)》의 황색에 대한 풀이를 살펴보면;

黄者，中和之色，自然之性，万世不易。

즉, 황색은 만세불변의 대자연의 색이며, 이 색은 천덕의 미(天德之美)를 나타내는데, 따라서 존귀한 색(尊色)이 된다. "황제"라는 호칭은 바로 이 존귀한 색을 시호로 삼은 것이다.

二, 홍색(红色)

붉은색(红色)은 중국 고대에는 존귀한 색이었다. 상고시기에 사람들은 붉은색을 좋아했다. 고고학의 고증에 따르면, 산정동인(山顶洞人 1933년 하북성 방산현 주구점에서 발견된 약 18,000년전의 화석 인류)도 붉은색을 숭상하였는데, 그들이 사용하던 장식품이 출토된 거주지 주위가 모두 붉은색으로 물들어 있었다. 《시경·패풍·정녀(诗经·邶風·靜女)》에는 붉은색을 노래한 시구가 있다.

我彤管，彤管有。 내게 붉은 피리를 주었네. 붉은 피리가 곱네.

이 싯구는 아가씨가 보내준 패물이 빨갛고 광택가 나는 것을 찬미하는 것이다. 후세 문학작품에서는 하나같이 모두 붉은색을 찬양한다.

현대중국어에서 붉은색은 길하고 여의(如意)함을 상징한다. 그래서 결혼할 때에 어떤 지방에서는 신부는 붉은 옷과 붉은 바지를 입으며, 붉은 수건을 머리에 쓴다. 신방의 구석구석도 온통 붉은색으로 도배를 한다. 붉은 탁자, 붉은 상자, 붉은 침대, 붉은 이불, 붉은 희자(喜字), 붉은 대련(对联) 등등, 하다못해 손님들이 보내온 축의금 역시 붉은 종이봉투에 싸여 있다. 아이를 낳거나 아이들이 생일을 쉴 때, 어떤 지방에서는 붉은 계란을 먹는다. 춘절(春节 설날)이 되면 중국인은 춘련(春联)을 붙이기를 좋아하는데, 춘련도 모두 붉은 종이에 쓴다.

자신의 띠의 해가 되면 붉은 허리띠를 매는데, 벽사(辟邪)를 할 수 있어서 자신의 띠의 해가 무사히 지나가도록 한다고 한다. 한때는 병원에서 홍빠오(红包)를 주고받는 현상이 있었는데, 사실 홍빠오는 바로 "돈"이다. 홍빠오라고 부르는 이유는 돈을 붉은 종이로 쌌기 때문에 붙여진 이름이다.

09

买礼物。
선물을 사다.

New Words 1-25

大衣 dàyī [명] 외투	年纪 niánjì [명] 연령. 나이	艳 yàn [형] 화려하다
华贵 huáguì [형] 호화롭고 부귀하다	式样 shìyàng [명] 양식. 스타일	款式 kuǎnshì [명] 양식. 스타일
包装 bāozhuāng [동] 포장하다	保存 bǎocún [동] 보존하다. 보관하다	会员 huìyuán [명] 회원
卡 kǎ [명] 카드	开票 kāipiào [동] 영수증을 끊다	吸引 xīyǐn [동] 끌다
各种各样 gèzhǒnggèyàng 각양각색	特价 tèjià [명] 특가	出售 chūshòu [동] 팔다. 매도하다
奖品 jiǎngpǐn [명] 상품. 장려품	购物 gòuwù 쇼핑(하다)	券 quàn [명] 권. 증권
当 dāng [동] …로 여기다	常见 chángjiàn [형] 자주 보다	返还 fǎnhuán [동] 반환하다
研究 yánjiū [동] 연구하다	退换 tuìhuàn [동] 산 물건을 바꾸다	流行 liúxíng [형] 유행하다
货真价实 huòzhēnjiàshí 물건도 진짜고 값도 싸다		

售货员：先生，您要买点儿什么？

朴信哲：过两天是我妈妈的生日，我想给她买一件大衣。

售货员：能不能问问，您的妈妈今年多大年纪了？

朴信哲：过了这个生日，她就46岁了。

售货员：那还很年轻，您看这件红色的怎么样？

朴信哲：红色是不是太艳了一点儿？

售货员：那您再看看这件黑色的呢？挺华贵的。

朴信哲：颜色还可以，可是我觉得式样不太好。

售货员：这边还有一件，也是黑色的，而且是今年的新款式，您看看怎么样。

朴信哲：嗯，我觉得这件不错，我妈妈个子跟你差不多，但比你胖一点儿，你看有合适的号码吗？

售货员：那你的妈妈应该跟我姐姐差不多，我看中号就可以。

朴信哲：那如果不合适，还可以换吗？

售货员：只要不弄脏，包装保存好，一个月以内都可以来换。

朴信哲：那太好了！多少钱？

售货员：1800元。

朴信哲：不便宜啊！能打折吗？

售货员：您来巧了，今天不是周末吗？我们周末打8折。你只要交1440元就可以了。

朴信哲：还能更便宜吗？

售货员：如果您有会员卡，还可以再打个9.5折。

朴信哲：可是我没有会员卡。

售货员：那就没有办法了。

朴信哲：好吧，您给我开票，我去交钱。

해설

1 〈〈 **我看中号就可以**

여기에서 '我看'의 의미는 '我觉得', '我想'과 동일하다. 다른 표현으로는 '你看怎么样？'이라고도 한다.

> 我觉得你们俩挺合适的。
> 我看咱们12点出发就行。

2 〈〈 **能打折吗?**

여기에서 '打折'는 '할인하다, 에누리하다'의 뜻으로 '打折扣'라고도 표현한다. 특히, ~% 할인이라는 중국어 표현을 살펴보면, '숫자+折'라고 표현하는데, 앞의 숫자는 할인되는 퍼센트(%)가 아니라 실제로 지불해야 하는 정가의 퍼센트(%)를 나타낸다. 예를 들면, '七折'는 30% 할인을 나타낸다.

Grammar Note

1. …还…

여기에서 부사 '还'는 형용사 앞에 쓰여 평가의 의미를 가지고 있으며, 어떠한 상황이 보통의 정도에 도달하여 비교적 만족스럽다는 것을 나타낸다.

> 这儿离商店不远，买东西还挺方便。
>
> 我看这篇小说写得还不错，你看过吗？
>
> 这儿的生活条件还可以，但学习条件不太好。

2. 只要…都…

'只要'는 접속사이며 '都'는 부사인데, '只要… 都…'의 형식을 이루어 충분조건 관계를 나타낸다. '只要'는 문두에 쓰여 충분 조건을 제시하고, '都'는 뒷문장의 서술어 앞에 쓰여 전부를 총괄하는 의미를 나타낸다. '都' 앞에는 총괄하는 대상이 놓이는데, 일반적으로 임의의 대상을 가리키는 의문대명사나, 불확정 지시대명사 또는 접속사 '不论'등이 있다.

> 只要努力学习，大家都会考得不错。
>
> 只要客人提出要求，我们都会尽量满足。
>
> 只要报了名，你们都可以参加比赛。

3. 如果…还…

'如果'는 접속사이며 '还'는 부사인데, '如果…还…'의 형식을 이루어 가설관계를 나타낸다. '如果'는 앞 문장에 쓰여 가정의 상황이나 원인을 이끌어내며 '还'는 '仍然'、'仍旧'의 의미와 동일하며, 뒷문장에 쓰여 동작의 지속을 나타내는데, 앞에서 서술한 가설로 인하여 결과가 변하지는 않는다.

> 如果有时间的话，我还想去一次桂林。
>
> 如果你有了困难，我还可以来帮助你。
>
> 如果让我再上一次大学，我还学习汉语。

Grammar Drill

1 只要……都……
只要你意见是对的，我们都会接受。

你想学
我们 会帮助你的

见过李老师的人
认为他是个可亲的人

你跟我结婚
我把钱 交给你

2 如果……还……
如果来得及，我还想去一下儿书店。

有时间的话
我 去访问农村

买不到机票
我 要在这儿住一个晚上

明天不上课
我 会陪你逛公园

연습문제

Exercises

说peaking

1 다음 그림을 보고 대화를 완성해 보세요.

A：____，您需要____？
B：过两天____，我想____。

A：您看____怎么样？
B：____是不是____？

A：请问，有____吗？
B：有，您要____？

A：我想买____。
B：那您看看____。
A：您____？
B：我____，想____。
A：您看看____，这是____。
B：有没有____？

A：你看，这是____，你觉得____？
B：挺____的，____？

A：我还看了____，但还是觉得____所以____。
B：对，____。

09 买礼物 135

Exercises

2 주어진 단어를 이용하여 이야기해 보세요.

华贵 / 式样 / 款式 / 包装 / 保存 / 吸引

各种各样 / 特价 / 出售 / 购物 / 常见 / 返还

写 Writing

1 다음 보기에서 알맞은 단어를 찾아 빈칸에 써보세요.

보기   年纪 包装 大衣 开票 会员 吸引 保存 华贵 款式 特价

(1) 我想买一件 _____ 。

(2) 你猜他今年多大 _____ 了？

(3) 你买去年的 _____ 就能便宜一点儿。

(4) 这种酒不好喝，只是 _____ 好看。

(5) 我们的老师是一个汉语语法研究会的 _____ 。

(6) 这是 _____ 商品，不能退换。

(7) 你能帮我 _____ 几天这个书包吗？我过两天来拿。

(8) 他的家很 _____ ，一定花了不少钱。

(9) 在中国的一些大商场，买了东西，付钱以前要 _____ 。

(10) 最能 _____ 我的是商品的质量。

2 주어진 단어를 이용하여 문장을 완성하세요.

(1) _____，你快去买吧。（出售）

(2) _____，特别喜欢流行音乐。（各种各样）

(3) 这次考试成绩好的话，_____。（奖品）

(4) ＿＿＿＿＿＿＿＿＿＿，我很喜欢。（式样）

(5) 快到新年了，＿＿＿＿＿＿＿＿＿＿。（卡）

(6) 周末 ＿＿＿＿＿＿＿＿＿＿，所以花了很多钱。（购物）。

(7) ＿＿＿＿＿＿＿＿＿＿，所以不用花很多现金。（券）

(8) ＿＿＿＿＿＿＿＿＿＿，这样，大家才愿意来买东西。（货真价实）

(9) ＿＿＿＿＿＿＿＿＿＿，我穿不合适。（艳）

(10) ＿＿＿＿＿＿＿＿＿＿，你怎么会没见过呢？（常见）

3 다음 문장의 빈칸에 알맞은 단어를 찾아보세요.

(1) 请问，您今年多大 ＿＿＿ ？
　　A 岁　　　　B 年纪　　　　C 生日　　　　D 年

(2) 这是今年的新 ＿＿＿ 。
　　A 款　　　　B 样　　　　　C 式　　　　　D 种

(3) 你穿上这件衣服，一定 ＿＿＿ 。
　　A 漂漂亮亮　B 漂亮极的　　C 很漂亮　　　D 漂亮的

(4) 你别担心，我已经想 ＿＿＿ 办法了。
　　A 上来　　　B 下来　　　　C 出去　　　　D 出来

(5) 他 ＿＿＿ 喜欢这种样子的衣服。
　　A 从来　　　B 一直　　　　C 终于　　　　D 直到

(6) 你别 ＿＿＿ 事情想得太简单了。
　　A 把　　　　B 对　　　　　C 用　　　　　D 看

(7) 他们 ＿＿＿ 我们准备了很多东西。
　　A 给　　　　B 向　　　　　C 对　　　　　D 跟

(8) 这件事有 ＿＿＿ 麻烦。
　　A 会儿　　　B 点儿　　　　C 多　　　　　D 很

Exercises

(9) 他 ____ 小就喜欢看书。

    A 从   B 离   C 太   D 只要

(10) ____ 大家的要求，我们决定下个星期放假。

    A 根据   B 对于   C 因为   D 关于

4 다음 문장의 틀린 부분을 바르게 고쳐보세요.

(1) 我昨天见面了我的朋友在饭店里。

➡ _____

(2) 他游泳得很快比我。

➡ _____

(3) 我毕业大学1996年。

➡ _____

(4) 他喜欢吃饭跟朋友们一起。

➡ _____

(5) 这里的环境一样跟我的家乡。

➡ _____

(6) 你去过中国学习过汉语没有？

➡ _____

(7) 我给你打电话明天。

➡ _____

(8) 这回事我不知道。

➡ _____

(9) 我不喜欢今天的课，就我没有上课了。

➡ _____

(10) 我已经知道了这件事。

　　➡ _____

5 주어진 단어를 순서대로 배열해 보세요.

(1) 个 / 一边 / 聊天 / 两 / 人 / 工作 / 一边

　　➡ _____

(2) 今天 / 就 / 上海 / 我们 / 晚上 / 去

　　➡ _____

(3) 要 / 家里 / 事 / 到 / 来 / 不 / 把 / 的 / 带 / 办公室

　　➡ _____

(4) 现在 / 来得及 / 走 / 还

　　➡ _____

(5) 不 / 恐怕 / 你 / 要 / 了 / 再 / 起床 / 就 / 迟到

　　➡ _____

(6) 我 / 买 / 那 / 绿色 / 想 / 长 / 要 / 大衣 / 件 / 的

　　➡ _____

(7) 啊 / 怎么 / 你 / 这么 / 生气 / 容易

　　➡ _____

(8) 我 / 不 / 跟 / 愿意 / 一个 / 的 / 这么 / 人 / 一起 / 笨 / 工作

　　➡ _____

(9) 吗 / 你 / 今天 / 的 / 知道 / 作业 / 什么 / 是

　　➡ _____

(10) 最 / 我 / 喜欢 / 电视 / 的 / 节目 / 是 / 就 / 新闻

　　➡ _____

Exercises

  1-27

商场购物

现在各个商场为了吸引顾客，都想出了各种各样的办法。比如有的商场会在某些时间里推出特价商品，这些商品并没有什么问题，只是因为颜色、款式等方面的原因，买的人不多，于是就低价出售了。还有一些商品因为号码不全了也会打折出售。有的商场给顾客奖品，只要你买了多少钱的东西，就有相应的奖品送给你。还有一种方式是返还给顾客一些购物券，这些购物券在商场里可以当钱用，买东西。最常见的方式是在顾客买了价值很贵的东西以后，发给顾客会员卡，有会员卡的顾客可以在买一般的东西的时候也打折，而且如果你在这个商场买了很多东西，到了年底，商场还会返还给你一定数量的购物券或者礼物，感谢你买了商场的东西，同时也希望下一年你还能到这个商场来买东西。

其实，对顾客来说，打不打折当然重要，可是如果没有任何打折，但所有的商品都能做到货真价实，顾客也一样愿意来买。

1 다음 문장을 읽고 질문에 대답해 보세요.

(1) 商场怎么吸引顾客？

(2) 特价商品常常质量也不太好，对吗？

(3) 除了给顾客奖品，商场还常常给顾客什么？

(4) 购物券跟钱完全一样对吗？

(5) 每个去商场的人都可以得到会员卡吗？

(6) 有会员卡有什么好处？

(7) 为什么商场在年底给顾客礼物或者购物券？

(8) 对顾客来说，打不打折重要吗？

(9) 跟打折比起来，更重要的是什么？

(10) 你喜欢什么样的打折方式？

2 한국의 대형상점들이 판촉활동을 위해 사용하는 방법을 토론해 보세요.

간체자쓰기 <<< 필순에 따라 써보세요.

艳 yàn	一 二 三 丰 丰 丰 艳 艳 艳 艳
华 huá	ノ イ 亻 化 化 华
款 kuǎn	一 十 士 丰 圭 青 青 青 款 款 款 款
包 bāo	ノ 勹 勺 包
装 zhuāng	丶 丬 丬 丬 壮 壮 壮 毕 装 装 装
保 bǎo	ノ 亻 亻 但 但 伊 伊 保 保
存 cún	一 ナ 才 才 存 存
吸 xī	丨 口 口 口 吸 吸 吸
引 yǐn	一 弓 弓 引

09 买礼物

간체자쓰기

购 gòu	丨 冂 刂 贝 贝 贩 购 购 购 购 购									

券 quàn	丶 丷 亠 业 半 夬 券 券 券 券 券									

返 fǎn	丆 厂 反 反 返 返 返 返 返									

货 huò	丿 亻 化 化 伫 货 货 货 货 货									

退 tuì	乛 丅 彐 艮 艮 艮 退 退 退 退 退									

10

有什么别有病。
뭐든 있어도 되지만 병은 있어선 안 된다.

New Words 1-28

受凉 shòuliáng [동] 감기에 걸리다
困 kùn [동] 졸리다
千万 qiānwàn [부] 부디
累 lèi [형] 지치다
一旦 yídàn [연] 일단
添 tiān [동] 보태다
压力 yālì [명] 스트레스
食品 shípǐn [명] 식품

嗓子 sǎngzi [명] 목구멍
总之 zǒngzhī [접] 아무튼, 요컨대
干净 gānjìng [형] 깨끗하다
厕所 cèsuǒ [명] 화장실
耽误 dānwu [동] 지체하다
决定 juédìng [동] 결정하다
少部分 shǎobùfen 소수의
绿色食品 lǜsèshípǐn [명] 녹색식품

药 yào [명] 약
要命 yàomìng 심하다
生病 shēngbìng 병이 나다
的确 díquè [부] 확실히
体会 tǐhuì [동] 체득하다
在乎 zàihu [동] 마음에 두다
种类 zhǒnglèi [명] 종류

一

李昌镐：朴小姐，你怎么了？

朴英美：我没事，昨天有点儿受凉了，今天早上起来就嗓子疼，有点儿发烧。

李昌镐：那你一定是感冒了，去医院了吗？

朴英美：哪有时间啊？我家里还有感冒药，我吃了点儿，又带来几片，一会儿中午再吃两片。

李昌镐：感冒虽然不是什么大病，但也挺麻烦的，不吃药吧，不容易好；吃药吧，又容易困，总之，比较影响工作。

朴英美：可不是吗，我早上吃的药，现在就觉得困得要命。

李昌镐：所以中国人说，有什么别有病，就是这个道理。

朴英美：是啊，千万不能生病，身体比什么都重要。

李昌镐：所以平时我们还是要多锻炼身体，才不容易生病。

二

林小英：信哲，听说你不太舒服，怎么了？

朴信哲：别提了，昨天跟两个朋友去喝酒，晚上回来就开始拉肚子。

林小英：那你们是不是吃了什么不干净的东西了？

朴信哲：好像也没什么不干净的，而且我们三个人一起吃的，我打电话问了，他们都没事。

林小英：那就是你自己最近身体不太好，所以别人没事，你却生病了。

朴信哲：也可能，最近我比较累，自己也觉得身体不像以前那么好。

林小英：好了，那你好好休息吧，我先回去了，明天再来看你。

朴信哲：好吧，我不留你，也不送你了，因为我又要上厕所了。

1. 哪有时间啊

반문하는 경우에 쓰이며, 시간이 없다는 뜻을 의미한다.

> 哪有这回事？(没有这回事)
> 他算什么老师？(他不算老师)
> 我什么时候说过这话了？(我没说过这话)

2. 不吃药吧，不容易好；吃药吧，又容易困

중국어에서는 'A 吧, …; B 吧, …'로 두 가지 선택이 모두 좋지 않다는 뜻을 나타낸다.

> 去长城吧，太远了；去颐和园吧，人太多。
> 到公司工作吧，太累了；到大学工作吧，钱太少。

3. 现在就觉得困得要命

'要命'은 보어로 쓰여 정도가 높음을 나타낸다.

> 这个商店的东西贵得要命。
> 昨天旅行刚回来，现在累得要命。

Grammar Note

1. 반어문 …哪…啊

'…哪…啊'는 강조를 나타낸다. '…哪…啊'의 격식이 긍정문에 쓰이는 경우는 어떠한 사건에 대한 부정의 의미를 강조하며, 부정문에 쓰이는 경우는 긍정의 의미를 강조한다.

我哪不理解你的心情啊？（意思是：理解你的心情）

你哪对得起我啊？（意思是：你对不起我）

我哪对不起你啊？（意思是：我对得起你）

2. …得要命

'要命'은 '형용사/동사 + 得 + 要命'의 격식으로 문장에서 정도보어를 나타내며 동작이나 상태의 정도가 최고조에 도달하였음을 나타낸다.

这么晚了，孩子还没回家，父母担心得要命。

天热得要命，怎么还不开空调？

听了这个消息，她高兴得要命。

3. 부사 千万

간곡하게 부탁함을 나타내며 명령문에 주로 쓰인다. 종종 '务必'의 의미와 비슷하며, '要'、'不要'、'不可'、'别' 등과 함께 쓰인다.

你可千万要小心啊！

机会很难得，你千万不要错过。

什么时候举行婚礼？到时候千万别忘了告诉我。

4. 부사 却

'却'의 품사는 부사이며 전환을 나타낸다. 복문 뒷문장의 주어 뒤, 술어 앞에 놓인다.

他没上过大学，却成了大学教授。

他学习不太努力，这次考试却得了九十多分。

어떤 경우에는 전환의 의미를 나타내는 접속사 '但是'、'可是'、'不过' 등과 함께 쓰여 강조를 나타낸다.

小李病了一个星期了，不过我却一点儿都不知道。

Grammar Drill

1 ……哪……啊

A：请你帮我翻译一下儿这个句子。
B：我哪会翻译啊？ 你去问老师吧。

A：我想借你点儿钱
B：我 有钱
　　你去借金老师的吧

A：你怎么不去国外留学呢？
B：我 有钱
　　等有钱再说吧

A：我们到医院看朴小姐，你去吗？
B：我 能不去
　　她是我最好的朋友

2 ……千万……

我说的这些话，千万要记住。

咱们俩说的这些事
别告诉别人

你自己在国外学习
要注意安全

你到学校以后
别忘了给我来个电话

3 ……却……

这个问题大家都没想到，她却想到了。

我们约好八点半见面
八点半了他 还没来

这篇课文不长
生词 不少

我爷爷虽然八十多岁了
不过身体 非常健康

说 Speaking

1 다음 그림을 보고 대화를 완성해 보세요.

A: 你_____？
B: 我有点儿_____。

A: 你是不是_____？
B: 可能_____。
A: 那你_____。

A: 你吃_____？
B: 我昨天_____。

A: 你这是_____，_____。
B: 我_____？
A: 不要紧，_____。

A: 你发烧了，_____。
B: 我昨天_____，可能_____。

A: 别着急，_____。
B: 看来_____。
A: 是啊，你应该_____。

我这几天_____，今天体温_____，我觉得我今天_____。麻烦你跟经理说一下，我_____。

Exercises

2 주어진 단어를 이용하여 이야기해 보세요.

总之 / 要命 / 千万 / 干净 / 的确 / 一旦
耽误 / 体会 / 在乎 / 压力 / 少部分 / 种类

 **Writing**

1 다음 보기에서 알맞은 단어를 찾아 빈칸에 써보세요.

보기　干净　决定　添　体会　生病　嗓子　食品　耽误　累　受凉

(1) 我昨天有点儿 ＿＿＿＿＿＿＿ , 今天早上起来觉得很不舒服。

(2) 吃东西以前，一定要把东西洗 ＿＿＿＿＿＿＿ 。

(3) ＿＿＿＿＿＿＿ 了，就得好好休息，按时吃药。

(4) 现在还在看书，太 ＿＿＿＿＿＿＿ 时间了。

(5) 你 ＿＿＿＿＿＿ 什么时候去中国旅行了吗？

(6) 他 ＿＿＿＿＿＿＿ 很好，所以唱歌很好听。

(7) 看完那个电影，我有很多 ＿＿＿＿＿＿＿ 。

(8) 最近工作太 ＿＿＿＿＿＿＿ 了，身体不太好。

(9) 这些都是中国人常吃的 ＿＿＿＿＿＿＿ 。

(10) 那件事给你 ＿＿＿＿＿＿＿ 麻烦了，真不好意思。

2 주어진 단어를 이용하여 문장을 완성하세요.

(1) 你问问别人吧，＿＿＿＿＿＿＿＿＿＿＿＿＿＿＿ 。（确实）

(2) ＿＿＿＿＿＿＿＿＿＿＿＿＿＿＿ , 路上车太多了。（千万）

(3) 你应该现在就准备好，_____。（一旦）

(4) _____，我们明天开始这个工作。（总之）

(5) _____，我只要自己高兴就可以。（在乎）

(6) _____，很多人都容易生病。（压力）

(7) _____，你还是别去了。（要命）

(8) _____，我们还是不要现在就决定。（少部分）

(9) _____，什么都能买到。（种类）

(10) 为了健康，_____。（绿色食品）

3 다음 문장의 빈칸에 알맞은 단어를 찾아보세요.

(1) 这件事已经过去了，____，别想了。
　　A 是了　　　　B 算了　　　　C 好了　　　　D 过了

(2) 已经十多年了，____ 我还是个孩子呢。
　　A 那个时　　　B 这会儿　　　C 那会儿　　　D 那时间

(3) 我要去上海，你知道上海最近的 ____ 怎么样吗？
　　A 气候　　　　B 气氛　　　　C 气象　　　　D 天气

(4) 现在我们公司还 ____ 一位销售人员。
　　A 缺少　　　　B 不够　　　　C 不有　　　　D 短少

(5) 听说他要结婚了，我们去向他表示 ____。
　　A 祝愿　　　　B 祝贺　　　　C 恭喜　　　　D 祝

(6) 啊，我想 ____ 了，他是我中学同学。
　　A 出来　　　　B 起来　　　　C 上来　　　　D 下来

(7) 这件衣服大了 ____，我穿不合适。
　　A 有点儿　　　B 一点儿　　　C 一下儿　　　D 一会儿

10 有什么别有病。　151

Exercises

(8) 这 ____ 画儿很漂亮，是你画的吗？

    A 个   B 件   C 幅   D 画

(9) 这台电视是新产品，功能很好，____ 有点儿贵。

    A 只是   B 只有   C 只要   D 只能

(10) ____ 学校的规定，如果不能上课，应该请假。

    A 对于   B 给   C 按   D 对

4 다음 문장의 틀린 부분을 바르게 고쳐보세요.

(1) 我刚到家被他就叫出来了。

    ➡ _____

(2) 你请坐，我倒给你一杯茶。

    ➡ _____

(3) 这是一个真漂亮的城市。

    ➡ _____

(4) 我回家马上写作业晚上。

    ➡ _____

(5) 以前我毕业，每天都玩儿得很高兴。

    ➡ _____

(6) 不但他是我的同学，而且是我的朋友。

    ➡ _____

(7) 我昨天下午去了公园，和买了一些东西。

    ➡ _____

(8) 我不知道他要去上海或者北京。

    ➡ _____

(9) 今天要早点儿睡觉，明天起床早。

➡ _____

(10) 我不喜欢得这个人。

➡ _____

5 주어진 단어를 순서대로 배열해 보세요.

(1) 去 / 明天 / 要 / 公园 / 我 / 下午 / 玩儿

➡ _____

(2) 的 / 怎么 / 打算 / 你 / 家乡 / 你 / 回

➡ _____

(3) 好 / 是 / 怎么 / 你 / 告诉 / 的 / 吗 / 我 / 到底 / 想

➡ _____

(4) 去 / 说 / 去 / 就 / 哪儿 / 吧 / 你 / 哪儿

➡ _____

(5) 考试 / 什么 / 你 / 时候 / 吗 / 知道

➡ _____

(6) 了 / 几年 / 已经 / 他 / 就 / 好 / 前 / 毕业

➡ _____

(7) 好 / 的 / 年 / 这 / 自己 / 不 / 了 / 几 / 我 / 觉得 / 越来越 / 身体

➡ _____

(8) 画儿 / 这 / 不 / 我 / 看 / 风格 / 最 / 爱 / 种 / 的

➡ _____

(9) 的 / 我 / 个 / 接 / 我 / 一 / 邀请 / 婚礼 / 电话 / 到 / 朋友 / 参加

➡ _____

(10) 喜欢 / 不但 / 他 / 唱 / 看 / 而且 / 喜欢 / 京剧

➡ _____

Exercises

 1-30

谨防生病

　　中国人常说"有什么别有病，没什么别没钱"。的确，生病是最糟糕的事了，一旦生病，自己的学习、工作都要耽误；不但要花很多钱，而且身体的那种不舒服是没有病的人根本就不能体会的。还有就是会给家人、朋友也添不少麻烦。所以说，谁也不想生病。可是，是不是生病，自己又不能决定。有时候，自己一点儿也不觉得，病就来了，特别是现在城市里的年轻人，往往觉得自己还年轻，身体好，不在乎，常常在工作学习到非常累的情况下，才想起来去休息；而且因为现在工作的压力越来越大，人们的时间也越来越少，只有一少部分人能坚持锻炼身体，所以得病的人就越来越多。现在人得病的另一个重要原因是我们的食品不像以前那么健康了，虽然食物的种类越来越多了，可是食品的质量却越来越差了，所以现在人们都喜欢"绿色食品"。

1 다음 문장을 읽고 질문에 대답해 보세요.

(1) 猜一猜，"有什么别有病，没什么别没钱"是什么意思？

(2) 生病会耽误什么？

(3) 除了要花很多钱，生病以后还有什么不好的方面？

(4) 现在城市里的年轻人为什么容易生病？

(5) 为了健康，人们应该坚持什么？

(6) 现在人生病，还有一个重要原因是什么？

(7) 现在的食品跟以前比起来有什么变化？

(8) "绿色食品"都是绿色的吗？

(9) 你能不能说说绿色食品是什么意思？

(10) 你容易生病吗？原因是什么？

2 병이 나서 아팠던 경험에 대해서 이야기해 보세요.

간체자쓰기 <<< 필순에 따라 써보세요.

受 shòu	受
嗓 sǎng	嗓
千 qiān	千
万 wàn	万
净 jìng	净
厕 cè	厕
旦 dàn	旦
耽 dān	耽
误 wù	误

10 有什么别有病。

간체자쓰기

| 根 gēn | 一 十 十 才 木 木 杧 杧 根 根 根 |
| | 根 根 根 |

| 决 jué | 、 冫 汀 江 决 决 |
| | 决 决 决 |

| 乎 hū | 一 丶 匚 平 乎 |
| | 乎 乎 乎 |

| 压 yā | 一 厂 厂 厈 压 压 |
| | 压 压 压 |

| 类 lèi | 、 丷 艹 半 米 米 *米 类 |
| | 类 类 类 |

| 绿 lǜ | 乙 纟 纟 纣 纾 纾 纾 绿 绿 |
| | 绿 绿 绿 |

11

你有自行车吗?
당신은 자전거가 있습니까?

New Words 1-31

工具 gōngjù [명] 도구. 수단	王国 wángguó [명] 왕국	停 tíng [동] 멎다. 서다
停车 tíngchē 차를 세우다	稍 shāo [부] 약간, 좀	公交 gōngjiāo [명] 대중버스
挤 jǐ [형·동] 붐비다	既…也… jì… yě… [접] …할 뿐만 아니라 …도	
担心 dānxīn [동] 걱정하다	习惯 xíguàn [동·명] 습관(이 되다)	夸张 kuāzhāng [동] 과장하다
几乎 jīhū [부] 거의	甚至 shènzhì [부·접] 심지어	城市 chéngshì [명] 도시
乡村 xiāngcūn [명] 농촌. 시골	发挥 fāhuī [동] 발휘하다	慢 màn [형] 느리다
丈夫 zhàngfu [명] 남편	父亲 fùqin [명] 부친	妻子 qīzi [명] 아내

一

朴信哲：小英，你有自行车吗？我想借辆自行车用用。

林小英：有，你什么时候用？

朴信哲：现在就用，下午还你可以吗？

林小英：没问题，我今天不用。你明天还我也行。

朴信哲：那谢谢你啦，不过我也想买一辆自行车了。

林小英：是啊，在北京，没有比自行车更方便的交通工具了。

朴信哲：我听说北京人家家都有自行车，是真的吗？

林小英：当然是真的，不但家家都有，而且有很多家庭都是每人一辆。

朴信哲：真是一个自行车的王国啊。

二

李昌镐：张经理，我刚才看见你了，在找地方停车是吗？

张浚成：是啊，每天都会遇到这个问题，来得稍晚一点儿就没有地方停车了。

李昌镐：我看还是坐公交车比较方便，而且便宜。

张浚成：可是公共汽车太挤了，而且常常要等很长时间。

李昌镐：咱们公司离你家也不太远，你试试骑自行车怎么样？

张浚成：我也在考虑，骑自行车既不挤，也不会迟到，还可以锻炼身体。不过，我担心骑车上班太累，影响工作。

李昌镐：可能开始觉得累，时间长了，习惯了就不累了。

张浚成：那好吧，明天开始，我骑一个月自行车试试，如果好的话，以后就不开车了。

Note

1. 我想借辆自行车用用

'수사+양사+명사' 구조에서 수사는 일반적으로 생략할 수 없으나 문장 맨앞이 아니고 또 수사가 '一'일 경우 '一'를 생략할 수 있다.

> 明天我去买本辞典。
> 我的朋友送给我个电脑。
> 他是个医生。

2. 没有比自行车更方便的交通工具了

이 문장은 강조의 용법으로 '自行车是最方便的交通工具'라는 의미를 나타낸다.

> 没有人比他更聪明。
> 没有比烤鸭更好吃的菜了。
> 没有比这儿更舒服的地方了。

3. 骑自行车既不挤，也不会迟到，还可以锻炼身体。

'既…又/也…'는 중국어에서 상용하는 문장 형식으로 두 가지 측면의 성질 또는 상태가 병존하는 것을 나타낸다.

> 他既是一个好丈夫，也是一个好父亲。
> 我既不喜欢看电影，也不喜欢看电视。
> 我们既是同学，也是好朋友。

Grammar Note

1. 听说

'听说'는 '听到别人说(다른 사람이 말하는 것을 듣고서)'의 의미를 나타낸다. 술어로 쓰일 수도 있고, 문두나 중간에 삽입어로 쓰이기로 한다.

> 她出国留学的事我已经听说了。
> 听说李先生这两天要到首尔出差。
> 展览会听说已经结束了。

2. 부사 稍

정도가 약하거나 수량이 많지 않거나 또는 시간이 길지 않음을 나타낸다. 동사를 수식하는 경우 동사 앞에 일반적으로 '一', '不'가 쓰이거나 동사 뒤에 '一下儿', '一些', '一点儿' 등이 쓰인다. 형용사를 수식하는 경우는 형용사 앞에 일반적으로 '一'가 쓰이거나 형용사 뒤에 '一点儿', '一些' 등이 쓰인다.

> 经理马上就来，请你稍等一会儿。
> 你来得稍晚了一点儿，她刚走。
> 他稍一粗心，就把"吃午饭"写成了"吃牛饭"。

3. 既…也…

두 개의 서로 다른 동작이 동시에 발생하거나 두 가지의 상태가 동시에 존재함을 나타낸다. 두 개의 동작이나 상태는 의미상에서 보면 일반적으로 상대적이며, 주로 뒷부분은 앞부분을 한층 더 보충하여 설명한다.

> 安娜既会唱歌，也会跳舞。
> 她既没来过我家，也没去过他家。
> 在国外留学，既要努力学习，也要注意锻炼身体。

문형

Grammar Drill

1 …… 稍 ……

A：请问，朴老师在吗？

B：请你稍等一下儿，她马上就来。

A：这件衣服怎么样　　　A：我要的菜怎么还没上来　A：这款手机是最新式的
B：这件衣服 大了一点儿　B：请你 等一会儿　　　　B：价格 贵了一些
　　请换一件小一点儿的　　　我马上就端来　　　　　　有便宜些的吗

2 …… 既 …… 也 ……

我们学校的汉语老师既有中国人，也有韩国人。

我们经理 会喝酒　　　我太太 能做拿手的韩国菜　　我 有《韩汉词典》
　　　　 会抽烟　　　　　　 能做几样中国菜　　　　 有《汉韩词典》

연습문제 / Exercises

说 Speaking

1 다음 그림을 보고 대화를 완성해 보세요.

A：你带手机了吗？我想借_____。
B：你没有____？而且办公室有电话，为什么____？
A：我手机_____，我要出去，所以_____。
B：可以，不过_____。
A：你放心吧_____。
B：_____。

A：你每天怎么_____？
B：我一般_____，你呢？
A：我常常_____，因为_____。
B：是啊，我也觉得_____。
A：_____。
B：可不是吗，_____。

A：听说在北京，骑自行车_____。
B：是的，几乎_____。
A：我觉得骑车的好处很多，比如：_____。
B：你说的对，而且____，可是，_____。
A：_____？
B：比如冬天_____。

A：我现在觉得买汽车真是一个错误的决定。
B：为什么这么说？我觉得_____。
A：虽然有你说的这些好处，可是_____。
B：是吗？那你说说_____。
A：_____。
B：看来_____。

11 你有自行车吗 163

Exercises

2 주어진 단어를 이용하여 이야기해 보세요.

工具 / 稍 / 挤 / 既…也… / 夸张 / 几乎
甚至 / 发挥 / 慢 / 担心 / 习惯 / 停

 **Writing**

1 다음 보기에서 알맞은 단어를 찾아 빈칸에 써보세요.

> 보기　城市　挤　公　稍　习惯　停　乡村　慢　担心　父亲

(1) 妻子身体不好，他常常 _____ 她。

(2) 吃完饭就看电视是一个坏 _____ 。

(3) 现在大部分人都喜欢住在 _____ 里。

(4) 你看，雨 _____ 了。

(5) 他每年都要离开城市，到 _____ 住几天，因为他觉得那里空气好。

(6) 我的 _____ 是一位医生，我和妈妈都很爱他。

(7) 如果大家都坐 _____ 车上班，就没有那么多交通问题了。

(8) 我写汉字很 _____ ，两个小时才写了100个。

(9) 每天早上坐公共汽车都很 _____ 。

(10) 请您 _____ 等一下，经理马上就来。

2 주어진 단어를 이용하여 문장을 완성하세요.

(1) 要想做好工作，_____。（工具）

(2) 我喜欢爬山，_____。（既……也……）

(3) _____, 他一定能解决这个问题。（担心）

(4) _____, 就是每个星期都要游泳。（习惯）

(5) _____, 不能完全相信。（夸张）

(6) 这里有很多鸟, 可以说_____。（王国）

(7) 中国人都会骑自行车, _____。（甚至）

(8) _____, 我现在很少开车出去。（停）

(9) _____, 还是没找到课本。（几乎）

(10) 在城市里, 应该让_____。（发挥）

3 다음 문장의 빈칸에 알맞은 단어를 찾아보세요.

(1) 我买了一本中文书, 我的朋友 _____ 买了一本。
　　A 还　　　　B 再　　　　C 又　　　　D 也

(2) 现在 _____ 八点半, 他不会来这么早的。
　　A 刚　　　　B 已经　　　C 就　　　　D 还

(3) 她那么漂亮, 什么样子的衣服 _____ 她都合适。
　　A 给　　　　B 往　　　　C 对　　　　D 为

(4) 怎么 _____ 事, 你们为什么不进教室？
　　A 件　　　　B 回　　　　C 次　　　　D 趟

(5) 请问, 这件衣服 _____ 钱？
　　A 多少　　　B 多　　　　C 少　　　　D 几

(6) 你这台电视 _____ 。
　　A 买得贵了　B 贵买了　　C 买了贵　　D 买贵了

(7) 我也不知道他在哪儿, 你 _____ 他家打个电话问问。
　　A 往　　　　B 对　　　　C 向　　　　D 为

(8) 我牙疼得很厉害, 吃不 _____ 饭。

11 你有自行车吗　165

Exercises

A 完　　　　　B 多　　　　　C 下　　　　　D 上

(9) 家里人多，我们 ____ 吧。

A 买多点儿　　B 多买点儿　　C 多点儿买　　D 买点儿多

(10) 你放心 ____ ，我一定早点儿回来。

A 好吗　　　　B 好吧　　　　C 好的　　　　D 好了

4 다음 문장의 틀린 부분을 바르게 고쳐보세요.

(1) 我觉得我们想得事情不像那么糟糕。

➡ _____

(2) 我认识他整整已经十年了。

➡ _____

(3) 你还现在不了解这件事呢？

➡ _____

(4) 这么多人，请你们按排队站好。

➡ _____

(5) 能不能请你对我解释一下这个问题？

➡ _____

(6) 今天的工作我还没有做完全呢。

➡ _____

(7) 这个商店的东西很便宜，我往往到这里来。

➡ _____

(8) 我看的这个电影觉得很有意思。

➡ _____

(9) 他明天就去上海，不用着急告诉他。

➡ _____

(10) 我目的学习汉语，所以要去中国。

   ➡ _____

5 주어진 단어를 순서대로 배열해 보세요.

(1) 明天 / 到 / 五点 / 有 / 我 / 三点 / 下午 / 事

   ➡ _____

(2) 一下 / 你 / 请 / 把 / 的 / 拿 / 表 / 看 / 今年 / 计划 / 给 / 经理

   ➡ _____

(3) 觉得 / 件 / 全 / 不 / 我 / 他 / 的 / 责任 / 这 / 事 / 是

   ➡ _____

(4) 里 / 如果 / 更 / 就 / 电脑 / 好 / 了 / 这 / 有 / 多

   ➡ _____

(5) 啊 / 别人 / 你 / 这么 / 怎么 / 的 / 想法 / 不 / 理解

   ➡ _____

(6) 问 / 想 / 我 / 什么 / 你 / 去 / 我 / 玩儿 / 家 / 时候

   ➡ _____

(7) 上 / 的 / 的 / 是 / 我 / 我 / 这 / 送 / 个 / 小 / 星期 / 同学 / 一 / 礼物

   ➡ _____

(8) 台 / 的 / 这 / 买 / 问题 / 新 / 电视 / 有点儿

   ➡ _____

(9) 的 / 公司 / 是 / 我们 / 加班 / 我们 / 老板 / 总 / 要求

   ➡ _____

(10) 吧 / 就 / 什么 / 什么 / 去 / 你 / 时候 / 时候 / 有空

   ➡ _____

11 你有自行车吗 167

Exercises

 1-33

骑自行车

以前，人们常说中国是一个自行车王国，这并不夸张。中国的自行车非常多，可以说，几乎每一个家庭都有一辆甚至更多自行车，有的家庭差不多每人一辆。自行车是中国人的主要交通工具之一，在一些小城市和乡村，自行车比公共汽车发挥着更大的作用，因为，那些地方常常没有公共汽车或公共汽车很少，所以没有自行车就会非常不方便。

就是在大城市里，自行车也同样非常重要。大城市的交通问题是堵车非常严重，有时去一个地方，如果坐公共汽车的话，加上等车和堵车的时间，比骑自行车要慢很多。而且，现在中国很多城市地铁还不太发达，所以人们就更喜欢骑自行车了。

现在人们骑自行车还有一个原因，大部分人认为骑自行车对身体有好处。现在大家工作越来越忙，根本没有时间锻炼身体，所以能在上班的路上锻炼一下身体，也是个不错的选择。

1 다음 문장을 읽고 질문에 대답해 보세요.

(1) 中国是个什么王国？

(2) 为什么这么说？

(3) 一般的中国家庭有几辆自行车？

(4) 为什么自行车在小城市和乡村很重要？

(5) 在大城市，自行车为什么重要？

(6) 中国现在地铁多不多？

(7) 人们骑自行车还有什么原因？

(8) 在你们国家，骑自行车上班的人多吗？

(9) 你喜欢骑自行车吗？

(10) 你最喜欢的交通工具是什么？

2 한국의 교통상황과 어떤 교통수단을 주로 이용하는지 이야기해 보세요.

간체자쓰기 <<< 필순에 따라 써보세요.

具 jù	丨 冂 冃 月 目 且 具 具
王 wáng	一 二 干 王
停 tíng	丿 亻 亻 广 广 伫 伫 伫 停 停
挤 jǐ	一 十 扌 扌 扩 护 挤 挤
担 dān	一 十 扌 扌 扣 扣 担 担
惯 guàn	丶 丶 忄 忄 忄 㥁 㥁 惯 惯 惯
甚 shèn	一 十 廿 甘 甘 其 其 其 甚
城 chéng	一 十 土 圠 圹 坊 城 城 城
乡 xiāng	丿 乡 乡

11 你有自行车吗

간체자쓰기

村 cūn	一 十 才 木 朴 村 村
	村 村 村

挥 huī	一 十 扌 才 扩 护 挥 挥 挥
	挥 挥 挥

慢 màn	丨 丨 忄 忄 忄 悍 悍 悍 慢 慢 慢 慢 慢
	慢 慢 慢

12
咱们吃什么?
우리 무엇을 먹을까요?

New Words 1-34

点 diǎn [동] 주문하다	点菜 diǎncài 요리를 주문하다	清淡 qīngdàn [형] 담백하다
油腻 yóunì [형] 기름지다	西芹 xīqín [명] 샐러리	炒 chǎo [동] 볶다
百合 bǎihé [명] 백합	青椒 qīngjiāo [명] 피망	腊肉 làròu [명] 소금에 절여 말린 고기
牛肉 niúròu [명] 쇠고기	羹 gēng [명] 수프	菊花 júhuā [명] 국화
冰 bīng [명] 얼음	尝 cháng [동] 맛보다	川菜 Chuāncài 쓰촨요리
麻 má [형] 얼얼하다	辣 là [형] 맵다	火锅 huǒguō [명] 샤브샤브
饿 è [형] 배고프다	闻名 wénmíng [형] 유명하다	闻 wén [동] 냄새를 맡다
香 xiāng [형] 향기롭다	味 wèi [명] 맛	形 xíng [명] 형, 형상
饮食 yǐnshí [명] 음식	经过 jīngguò [전·명] …을 거쳐, 경과	菜系 càixì 요리계보
拿手 náshǒu 특기로 잘하다	传统 chuántǒng [명] 전통	科学 kēxué [명] 과학
知识 zhīshi [명] 지식	营养 yíngyǎng [명] 영양	厨师 chúshī [명] 조리사

● 고유명사

西湖 Xīhú [지명] 시후　　西芹百合 xīqín bǎihé [요리명] 시친바이허

본문

一

朴信哲：小英，你看你要吃点儿什么？

林小英：我不大会点菜，你点吧，我吃什么都行。

朴信哲：可是我们是在中国的饭馆啊，还是你点吧。

林小英：好吧，吃点儿清淡的怎么样？

朴信哲：好啊，我最怕油腻的了。

林小英：那咱们来一个西芹百合，再来一个青椒炒腊肉，一个西湖牛肉羹。

朴信哲：好好，喝什么呢？

林小英：我喝菊花茶，你喝冰啤酒，好吗？

朴信哲：不错，看来你很会点菜啊。

李昌镐：张经理，一起吃晚饭吧。

张浚成：好啊，去哪儿吃？

李昌镐：我听说附近新开的一家四川饭馆儿不错，咱们去尝尝怎么样？

张浚成：好，我最喜欢吃川菜，又麻又辣，吃完以后特别舒服。

李昌镐：你最喜欢川菜中的什么菜？

张浚成：我最喜欢的是火锅，什么都可以吃；而且大家一起吃，也很热闹。

李昌镐：是啊，我也觉得火锅好，咱们现在就去吧。

张浚成：走，你说得我都饿了。

Note

1 << 那咱们来一个西芹百合，再来一个青椒炒腊肉，一个西湖牛肉羹

'来'는 구체적인 동사로 대체할 수도 있으며, 자기가 어떤 일을 잘 완성하지 못하는 경우 다른 사람에게 '你来来，看看怎么样.'이라고 표현할 수 있다. 특히 식당에서 요리를 주문할 때 많이 쓰인다.

　　服务员，再来两瓶啤酒。

　　给我来三斤苹果。

2 << 我最喜欢吃川菜，又麻又辣，吃完以后特别舒服

'又…又…'는 두 개의 동사 또는 형용사를 연결하여, 두 가지 동작이 동시에 발생하거나 두 가지 상태를 동시에 갖추었음을 나타낸다.

　　他们又说又笑，开心极了。

　　我买的苹果又大又红，特别好吃。

3 << 你说得我都饿了

'都'는 여기서 강조의 용법으로 '已经'의 뜻을 나타내며, 동사 앞 또는 명사 앞에 쓰인다.

　　你都吃了那么多了，还没饱吗？

　　他都上大学了，有些事可以自己决定了。

　　都八点了，你该起床了。

Grammar Note

1. 不大

'不大'는 형용사나 심리활동을 나타내는 동사 앞에 쓰여 그 정도가 비교적 약함을 나타낸다. '不很'、'不十分'、'不怎么'의 뜻과 비슷하다.

> 这个菜不大好吃，你别点了。
> 金英英去国外留学，她妈妈不大放心。
> 我学过太极拳，可是还不大会打。

2. 의문대명사 什么의 특수용법

의문대명사 '什么'는 임의의 사람이나 사물을 나타낸다. '什么'는 임의의 대상을 가리키는 경우 일반적으로 '都'나 '也'와 함께 쓰여 말하는 범위 내에서는 어떠한 것도 예외가 없음을 강조한다. 또는 '什么' 뒤에 사람이나 사물을 의미하는 명사가 쓰일 수 있다.

> 安娜娜病了，什么都不想吃。
> 只要认真学，什么都能学会。
> 他在沙发上坐着，什么话也没说。

3. 看来

'看来'는 삽입어이며 어떤 객관적인 현상에 대한 관찰을 통하여 어떤 판단을 내리거나 예측할 수 있음을 나타낸다. 또는 '看起来'라고도 한다.

> 今天又阴天了，看来还要下雨。
> 他的病很重，看来得住院。
> 现在都快五点了，看起来他今天不会来了。

문형

Grammar Drill

1 ……什么都／也……
冰箱里**什么**都有，你不必去买了。

家里人　都知道了
你还保密呢

健康比　都重要
父亲在大病以后才体
会到这一点

我晚上回到家里
活儿也不想干
只想好好休息

2 看来
雾这么大，**看来**飞机不能正点起飞了。

她提前二十分钟就交卷了
考得不错

你们都不说话
是同意这样做了

明天的考试现在才复习
到第四课　是复习不完了

说 Speaking

1 다음 그림을 보고 대화를 완성해 보세요.

A：我们一起_____？
B：去哪儿_____啊？
A：听说_____。
B：好啊，我_____。
A：_____。
B：你最_____？
A：我_____。

A：你觉得_____？
B：我喜欢_____，你呢？
A：我也_____，不过_____。
B：你说得对，_____。
A：_____。
B：_____。

A：你想吃什么？
B：我没来过这个饭店，_____。
A：那咱们来一个_____怎么样？
B：好啊，_____。
A：再来一个_____。
B：看来_____。

A：你喜欢_____吗？
B：喜欢，我觉得_____。
A：我也是，我常常_____。
B：我最喜欢的是_____。
A：我跟你不一样，我常喝_____。
B：_____。

12 咱们吃什么 177

Exercises

2 주어진 단어를 이용하여 이야기해 보세요.

点 / 清淡 / 冰 / 尝 / 饿 / 闻名 / 饮食

经过 / 拿手 / 传统 / 科学 / 知识

1 다음 보기에서 알맞은 단어를 찾아 빈칸에 써보세요.

보기　西湖　厨师　点　清淡　科学　炒　菊花　闻名　菜系　冰

(1) 昨天是我的生日，我的朋友给我 ＿＿＿＿＿＿ 了一首歌，祝我生日快乐。

(2) 多吃 ＿＿＿＿＿＿ 的菜，对身体有好处。

(3) ＿＿＿＿＿＿ 是个美丽的地方，你应该去看看。

(4) 中国人喜欢吃 ＿＿＿＿＿＿ 菜，但也有人用别的方法做。

(5) 夏天我常常喝 ＿＿＿＿＿＿ 水。

(6) ＿＿＿＿＿＿ 一般在秋天开。

(7) 中国的长城 ＿＿＿＿＿＿ 世界。

(8) 你知道吗，中国有八大 ＿＿＿＿＿＿ ，川菜就是其中的一个。

(9) 他在饭店做 ＿＿＿＿＿＿ 。

(10) 每个人都应该学习一点儿 ＿＿＿＿＿＿ 知识。

2 주어진 단어를 이용하여 문장을 완성하세요.

(1) ＿＿＿＿＿＿＿＿＿＿＿＿＿＿＿＿，你多吃一点儿吧。（营养）

(2) 这个菜是我自己做的，＿＿＿＿＿＿＿＿＿＿＿＿＿＿。（尝）

(3) _____，你吃过吗？（火锅）

(4) 这个菜 _____，我不能吃了。（又……又……）

(5) _____，我们常常一起玩儿。（拿手）

(6) _____，咱们快去吃饭吧。（饿）

(7) _____，韩国人结婚的时候都要穿。（传统）

(8) _____，他考上了很好的大学。（经过）

(9) _____，这花儿真香。（闻）

(10) 我现在很胖，_____。（油腻）

3 다음 문장의 빈칸에 알맞은 단어를 찾아보세요.

(1) 我 _____ 要出去，你有什么事等我回来再说好吗？
　　A 立刻　　　B 马上　　　C 赶快　　　D 匆忙

(2) 已经十点了，你怎么还 _____ 电视？
　　A 看　　　　B 看看　　　C 看了　　　D 看一看

(3) 那个人 _____ 打伤了。
　　A 叫　　　　B 让　　　　C 被　　　　D 把

(4) 虽然他做得不对，但你也不能 _____ 就认为他是坏人啊。
　　A 因此　　　B 所以　　　C 由于　　　D 因为

(5) 我们怎么办，你想 _____ 办法没有？
　　A 上去　　　B 上来　　　C 出去　　　D 出来

(6) 我觉得现在走太早了，_____ 再出发就可以。
　　A 一会儿　　B 一下　　　C 一分　　　D 以后

(7) 北京最有名的地方 _____。
　　A 都我去过了　B 我都去过了　C 我去过了都　D 都去过了我

Exercises

(8) 我真的不知道这件事，____你问问小王吧。
   A 不要　　　B 要求　　　C 要不　　　D 不管

(9) 这件事____他影响很大。
   A 对　　　　B 向　　　　C 给　　　　D 朝

(10) 我今天下午要跟朋友一起____足球。
   A 打　　　　B 动　　　　C 玩　　　　D 去

4 다음 문장의 틀린 부분을 바르게 고쳐보세요.

(1) 虽然我们是朋友，想法不一样很多。

　➡ _____

(2) 现在的天气是好，我们出去玩儿怎么样？

　➡ _____

(3) 我常常不看电视，所以不知道这个节目。

　➡ _____

(4) 他去公司的时候随便买了一张报纸。

　➡ _____

(5) 你随便来，我欢迎你。

　➡ _____

(6) 明天可以看看电影怎么样？

　➡ _____

(7) 这里人太多，我觉得不好空气。

　➡ _____

(8) 首尔是个真漂亮的城市，是韩国最大的城市。

　➡ _____

(9) 我们的同学都聪明也努力，所以成绩很好。

➡ _____

(10) 我打算明年去中国学习，和看看中国有名的地方。

➡ _____

5 주어진 단어를 순서대로 배열해 보세요.

(1) 才 / 相信 / 呢 / 我 / 不 / 你

➡ _____

(2) 去 / 知道 / 什么 / 吗 / 旅行 / 你 / 他们 / 时候

➡ _____

(3) 想 / 没 / 难 / 这 / 的 / 电影 / 这么 / 买 / 到 / 个 / 票

➡ _____

(4) 难 / 从来 / 这 / 觉得 / 什么 / 的 / 我 / 没有

➡ _____

(5) 的 / 请 / 把 / 资料 / 不 / 公司 / 看 / 要 / 别人 / 给

➡ _____

(6) 个 / 一 / 过 / 说 / 这 / 事 / 了 / 不只 / 人 / 件

➡ _____

(7) 已经 / 他 / 抽 / 他 / 个 / 没有 / 月 / 烟 / 了 / 说 / 三

➡ _____

(8) 来 / 什么 / 我 / 可以 / 都 / 时候 / 工作

➡ _____

(9) 吗 / 你 / 这样 / 有 / 不 / 觉得 / 做 / 什么 / 好

➡ _____

(10) 不 / 这 / 些 / 责任 / 你们 / 人 / 的 / 吗 / 难道 / 这 / 是

➡ _____

Exercises

 1-36

中国菜

中国菜闻名世界，几乎每个国家都能看到中国饭馆儿。很多人都很喜欢吃中国菜，觉得中国菜不但好吃，而且好看，用中国人的话说，就是"色、香、味、形"都好，这里"色"是说菜的颜色，要好看，"香"是闻起来有让人想吃的气味儿，"味"当然是味道好吃，"形"是说菜的形状也要好看，而且吃起来要方便。中国饮食文化经过几千年的发展，现在已经形成了几个大的菜系，每个菜系都有自己的特色，每个菜系都有一些拿手菜，几乎是人人爱吃的。

但现在也有一些人觉得中国菜也有一些问题，比如说，以前很多传统的菜，因为没有科学知识，营养方面不够好，还有，大部分中国菜用油比较多，吃起来让人觉得油腻，而且，一般的中国菜做起来时间比较长。现在，这些情况也在一点一点地改变，中国的厨师也在努力学习科学知识，中国菜也在不断发展。我们相信，中国菜一定会越来越好吃，越来越有营养。

1 다음 문장을 읽고 질문에 대답해 보세요.

(1) 为什么中国很多人喜欢吃中国菜？

(2) 中国菜的"色"是什么？

(3) "香"、"味"和"形"呢？

(4) 请猜一猜，"菜系"是什么意思？

(5) 中国菜的问题是什么？

(6) 现在的情况怎么样？

(7) 你吃过中国菜吗？

(8) 你觉得中国菜好吃吗？

(9) 你喜欢吃清淡的菜还是油腻的？

(10) 你们国家有什么最好吃的菜？能给大家介绍一下吗？

2 한국의 음식문화를 토론해보고, 가장 맛있다고 생각하는 음식을 소개해 보세요.

간체자쓰기 <<< 필순에 따라 써보세요.

淡 dàn	丶 丶 冫 氵 氵 沪 沙 浐 浐 浐 淡
油 yóu	丶 丶 氵 氵 汩 汩 油 油
腻 nì	丿 月 月 月 月 肝 肝 肝 肝 肝 腻 腻 腻
芹 qín	一 艹 艹 艹 芦 芦 芹
炒 chǎo	丶 丶 ⺀ 火 灯 灯 炒 炒
椒 jiāo	一 十 才 木 木 木 杉 杉 村 村 椒 椒
腊 là	丿 月 月 月 月 肚 肚 胖 胖 腊 腊 腊
湖 hú	丶 丶 氵 氵 汁 汁 沽 沽 浒 湖 湖 湖
羹 gēng	丶 丶 丷 艹 芏 芏 羊 羊 羔 羔 羔 羔 羔 羹 羹

12 咱们吃什么

간체자쓰기

| 菊 jú | 一 亠 艹 艹 艻 芍 苟 菊 菊 菊 |
| | 菊 菊 菊 |

| 冰 bīng | 丶 冫 氵 冰 冰 冰 |
| | 冰 冰 冰 |

| 辣 là | 丶 亠 亠 立 立 辛 辛 辛 辛 郣 辣 辣 |
| | 辣 辣 辣 |

| 锅 guō | 丿 仁 钅 钅 钅 钊 钊 钊 铞 锅 锅 |
| | 锅 锅 锅 |

| 饿 è | 丿 仁 饣 饣 饣 饣 饿 饿 饿 |
| | 饿 饿 饿 |

| 香 xiāng | 一 二 千 千 禾 禾 香 香 香 |
| | 香 香 香 |

| 形 xíng | 一 二 于 开 开 形 形 |
| | 形 形 形 |

그림단어사전 - 컴퓨터 2

프린터
打印机 dǎyìnjī

CD
光盘 guāngpán

인터넷
互联网 hùliánwǎng

컴퓨터 바이러스
电脑病毒 diànnǎo bìngdú

하드웨어
硬件 yìngjiàn

소프트웨어
软件 ruǎnjiàn

이메일
电子邮件 diànzǐ yóujiàn

스캐너
扫描仪 sǎomiáoyí

3 他们在海边做什么？ Tāmen zài hǎibian zuò shénme? 그들은 해변에서 무엇을 하고 있나요?

- 沙滩 shātān 모래사장
- 板 bǎn 보드
- 帆船 fānchuán 요트
- 地平线 dìpíngxiàn 수평선
- 游泳圈 yóuyǒngquān 수영튜브
- 冲浪 chōnglàng 서핑
- 滑水 huáshuǐ 수상스키
- 遮阳伞 zhēyángsǎn 비치파라솔
- 比基尼泳装 bǐjīní yǒng zhuāng
  (三点式泳装) (sāndiǎnshì yǒngzhuāng)
  비키니수영복
- 橡皮球 xiàngpíqiú 비치볼
- 救护人员 jiùhù rényuán 안전요원
- 泳帽 yǒngmào 수영모자
- 橡皮艇 xiàngpítǐng 고무보트
- 玩沙 wánshā 모래장난(하다)
- 玩水 wánshuǐ 물놀이(하다)

❶ 今天的天气真好！
Jīntiān de tiānqì zhēn hǎo!
오늘 날씨는 정말 좋다!

❷ 我们一起玩儿沙滩排球吧。
Wǒmen yìqǐ wánr shātān páiqiú ba.
우리 같이 비치발리볼을 하자.

❸ 冲浪真的好刺激！
Chōnglàng zhēnde hǎo cìjī!
서핑은 정말 짜릿하다!

❹ 前面水深，不要游得太远。
Qiánmiàn shuǐ shēn, búyào yóude tài yuǎn.
앞에 물이 깊으니 너무 멀리 수영해 가지마.

중국문화이야기 2

중국인이 중시하는 관계

"이 사람은 인간관계가 좋다" "그는 오래도록 수많은 인간관계를 맺고 있다", 우리는 흔히 이렇게 말들을 하고 들어왔다. 사실 이 '관계'라는 것은 친분을 나누는 것을 말한다.

중국사람은 관계를 가장 중시한다. 사실 관계라는 것은 간단하게 말해서 사람과 사람 사이 상호간의 작용이며, 역할지위관계와 우의관계를 모두 포함한다고 할 수 있다.

그렇다면 사람과 사람 사이의 우의, 소위 인정이라고 일컬어지는 것은 무엇인가? 즉, 이것은 사람과 사람의 함께 살아가는데 필요한 도리이다. 전통적인 관념에서 살펴보면 예의가 있어야 한다고 한다. 공자가 말하기를 "예를 배우지 않으면 설 수 없다(不学礼, 无以立)"라고 했다. 여기서 '예'란 사회행위의 법칙, 규범, 예의를 가리키며, 물론 예절과 예의도 포함된다. 공자의 뜻은 '예'를 배우지 않으면 사회에서 뿌리를 내릴 방법이 없으며, 이 때문에 사람이 되려면 반드시 '예의'가 있어야 하고 '예절'을 중시해야 하며 '예수(礼数)'가 없어서는 안 된다는 것이다. 이것이 아마도 사람과 사람이 함께 살아가는 가장 좋은 정도인 것이다. 그렇다면 '예'는 또 무엇인가? 분명히 사회적 관습·풍속·공인된 행위규범 등을 가리키는 것이다. 《예기·곡례상(礼记·曲礼上)》에서 이것에 대해 명확한 정의를 내렸다.

예는 오고가는 것을 숭상한다, 가지만 하고 오지 않는 것도 예의가 아니며, 오기만 하고 가지 않는 것도 예의가 아니다.

礼尚往来, 往而不来, 非礼也；来而不往, 亦非礼也。

대강의 뜻은 "다른 사람의 은혜를 입으면 반드시 그 은혜를 갚아야 하며, 은혜를 갚지 않는 것은 예에 합당하지 못하다. 또 다른 사람의 보답을 받고 다른 사람에게 은혜를 주지 않는 것 역시 예에 합당하지 못하다."는 것이다.

중국은 과거 수천년 동안 기본적으로 사람에 의해 다스려지는(人治) 사회였으며, 법제관념은 비교적 희박했다. 비록 일찍이 주(周)나라 때 '삼전(三典)'을 제정하여 국가를 다스렸을 뿐만 아니라 역대 왕조도 모두 법률을 제정했으나, 역대로 '귀족은 처벌할 수 없는 것'이었으며, 일반백성 역시 반드시 법률에 의해 일을 처리했다고는 할 수 없다. 법률에 따라 일을 처리할 것인가 아닌가는 '관계'에 달려 있으니, 역시 '인정'에 좌우되는 것이다. 관계가 있고 인정이 있으면 큰 일도 작은 일이 되고, 작은 일은 없던 일이 된다. 인정은 바로 이와 같은 매력이 있기 때문에 중국인들은 아주 오랫동안 '인정을 만드는' 습관을 길러왔으며, 인정을 전면에 내세워서 자신의 '인정 네트워크'를 잘 조직하기만 하면 적당한 때에 일을 잘 처리할 수 있었다.

'인정풍(人情风)'은 바로 이와 같은 연원을 가지고 있기 때문에 중국에서 크게 성행했다.

따라서, 혼인이나 장례, 작게는 사소한 일까지 인정을 베풀어야 하는 것은 사람들의 일상생활에서 매우 중요한 일이 되었으며 또한 매우 골치 아픈 일이기도 했다. 중국에는 다른 사람이 '나에게 10 만큼 주면' 자신은 반드시 '100 만큼 갚는다'는 성문화되지 않은 관습이 있다.

통계에 따르면 일년동안 중국에서 인정 때문에 소비되는 돈과 재물이 100억 위엔(元) 이상이라고 하며, 그 무거운 부담을 감당하지 못하고 가산을 탕진하는 사실이 때때로 언론매체에 보도되기도 한다. 이러함에도 불구하고, 사람들 역시 인정의 풍조에 고통스러워하면서도 도리어 이를 없애지 못하며, 이러한 풍조는 가면 갈수록 더 그 기세를 더해가고 있다.

13

今天太热了。
오늘 몹시 덥습니다.

New Words 1-37

天气 tiānqì [명] 날씨
下 xià [동] 내리다
凉快 liángkuài [형] 서늘하다
海 hǎi [명] 바다
春季(天) chūnjì(tiān) [명] 봄
干燥 gānzào [형] 건조하다
冬季(天) dōngjì(tiān) [명] 겨울
风沙 fēngshā [명] 모래바람
刮 guā [동] 불다

预报 yùbào [동·명] 예보(하다)
下雨 xiàyǔ 비가 내리다
半岛 bàndǎo [명] 반도
季节 jìjié [명] 계절
花 huā [명] 꽃
夏季(天) xiàjì(tiān) [명] 여름
寒冷 hánlěng [형] 춥다
实在 shízài [부] 실로
刮风 guāfēng 바람이 불다

气温 qìwēn [명] 기온
下雪 xiàxuě 눈이 내리다
周围 zhōuwéi [명] 주위, 주변
秋季(天) qiūjì(tiān) [명] 가을
开 kāi [동] 피다
空调 kōngtiáo [명] 에어컨
新鲜 xīnxiān [형] 신선하다
树叶 shùyè [명] 나뭇잎
夜 yè [명] 밤

● 고유명사

香山 Xiāngshān [지명] 샹산

본문

一

朴信哲：你昨天看天气预报了吗？

林小英：看了，今天最高气温34℃，而且没有风。

朴信哲：怪不得这么热，我都快受不了了。

林小英：北京夏天常常这么热，不过预报说今天晚上会下雨，明天可能会凉快一点儿。

朴信哲：那太好了！

林小英：韩国夏天不热吗？

朴信哲：气温跟这里差不多，但觉得不是这么热。

林小英：那为什么呢？

朴信哲：我也不知道，不过可能因为韩国是半岛，周围有海吧。

张浚成：昌镐，你说我要去北京玩儿的话，什么时候去最好？

李昌镐：北京跟首尔一样，也有四个季节，每个季节都有自己的特点。旅行嘛，我觉得秋季最好。

张浚成：为什么这么说呢？

李昌镐：北京的春天时间很短，虽然是花开的季节，但有时风很大，也比较干燥。

张浚成：那夏天呢？

李昌镐：夏天的北京热得要命，走到哪儿都得用空调，出去玩儿不太合适。

张浚成：冬天也不好吗？

李昌镐：冬天跟韩国一样，比较冷。虽然风景很美，但在外面一天，也不太舒服。

张浚成：秋天有什么特点？

李昌镐：北京的秋天是最美的季节，不冷也不热，天气非常好，可以看的风景也最多。

张浚成：那听你的，我秋天去北京。

Note

1 « 怪不得这么热

'怪不得'는 어떤 일의 '원인을 알고 보니 이상하지 않다'는 것을 나타낼 때 쓰인다.

　　　　A： 他病了。
　　　　B： 怪不得他没来上课。

　　　　A： 今天这个商场的东西很便宜。
　　　　B： 怪不得这么多人。

2 « 我都快受不了了

'受不了'는 '不能忍受(참지 못하다)'의 뜻을 의미한다.

　　　　他很奇怪，大家都受不了他。
　　　　我真受不了这里的天气，太冷了。

3 « 听你的

상대방의 의견에 따라 처리하는 것에 동의한다는 것을 나타내며, 중간에 다른 사람을 넣어 '听…的'로도 쓸 수 있다.

　　　　我听你的，你说怎么办，我们就怎么办。
　　　　他来过这里，我们听他的。

Grammar Note

1 어기조사 嘛

문장에서 명사, 동사, 형용사, 부사, 접속사 및 구 뒤에 쓰여 잠시 멈춤을 나타내며 청자에게 뒷문장에 대한 중요성을 인식하도록 한다.

> 学生嘛，主要任务就是学习。
> 考研究生嘛，他是不成问题的。
> 让他回国嘛，他又不想走；不让他走嘛，他又想回去。

평서문 또는 단문 문미에 쓰여 일반적으로 긍정의 어기를 강화시킨다. '이치에 비추어 마땅히 이렇게 해야 한다' 또는 '아주 명백한 사실임'의 의미를 나타낸다.

> 大家应该互相关心、互相帮助嘛。
> 我本来就不是首尔人嘛。
> 她是我的朋友嘛，我当然了解了。

명령문 끝에 쓰여 기대나 권유를 나타낸다.

> 他有病，你就去看看嘛！
> 不让你去，你就别去嘛！

2 의문대명사 哪儿의 특수용법

의문대명사 '哪儿'은 임의의 것을 가리키며 주어, 목적어로 쓰인다. 일반적으로 뒤에 '都' 또는 '也'와 함께 쓰이며, 앞에 '无论'이 놓이기도 한다.

> 我今天要在家里等人，哪儿都不去。
> 金明和去哪儿都带着一本袖珍词典。
> 无论在哪儿，他都努力工作。

Grammar Drill

1 怪不得
A:我来介绍一下儿,这是我妹妹。
B:怪不得她像你呢。

A:金娜娜在北京学了
　　五年汉语
B:汉语说得这么好

A:朴老师家来了中国
　　客人
B:他提前回家了

A:金老师到北京教韩
　　国语去了
B:这两天没看到他

2 ……哪儿都/也……
夏天的北京热得要命,走到哪儿都得用空调。

来首尔以后
我　没去过呢

星期天我想在家做做家务
不想去

房间的钥匙不见了
怎么　找不着呢

说 Speaking

1 다음 그림을 보고 대화를 완성해 보세요.

A：你昨天看天气预报了吗？
B：看了，_____。
A：今天_____？
B：天气预报说_____。
A：哦，看来_____。
B：是啊，夏天总是_____。

A：这几天真是太_____了。
B：是啊，可能要_____了吧。
A：那可太好了，我最喜欢_____。
B：我也很喜欢_____，因为_____。
A：_____以后，我们去_____好不好？
B：好啊，_____。

A：你的家乡在哪儿？
B：我的家乡是_____。
A：那儿的气候怎么样？
B：我很喜欢家乡的气候，_____。
A：有机会我们去你的家乡玩儿玩儿吧。
B：好啊，_____。

A：你最喜欢哪个季节？
B：我最喜欢_____，你呢？
A：我最_____，你为什么_____？
B：因为我觉得_____，你为什么_____？
A：我喜欢_____是因为_____。
B：我不喜欢_____，因为_____。

Exercises

2 주어진 단어를 이용하여 이야기해 보세요.

天气 / 预报 / 气温 / 凉快 / 周围

季节 / 干燥 / 寒冷 / 新鲜 / 实在

1 다음 보기에서 알맞은 단어를 찾아 빈칸에 써보세요.

> 보기　冬季　半岛　开　下雨　季节　树叶　气温　寒冷　夏季　空调

(1) 昨天晚上 _____ 了，今天很凉快。

(2) 韩国是一个 _____ 国家，有很多地方都离大海很近。

(3) 你们国家一年有几个 _____ ？

(4) 太热了，咱们开 _____ 吧。

(5) 我最喜欢 _____ ，因为我喜欢雪。

(6) 你看，春天来了，_____ 都绿了。

(7) 今天的最高 _____ 是多少度？

(8) _____ 可以游泳，多好啊！

(9) 虽然天气很 _____ ，但还是有很多人在外面玩儿。

(10) 这些花都 _____ 了。

2 주어진 단어를 이용하여 문장을 완성하세요.

(1) _____，今天晚上要下雨。（预报）

(2) _____，我也没有精神。（天气）

(3) _____，我们应该多喝水。（干燥）

(4) _____，生活非常方便。（周围）

(5) 现在是9月，_____。（凉快）

(6) _____，可以出来跑步锻炼身体。（新鲜）

(7) _____，非常不舒服。（风沙）

(8) _____，现在不能工作了。（实在）

(9) _____，你还是多穿点儿吧。（气温）

(10) _____，所以我什么都喜欢。（季节）

3 다음 문장의 빈칸에 알맞은 단어를 찾아보세요.

(1) 昨天去的那个公园真漂亮，我想 ____ 去一次。
　　A 又　　　　B 也　　　　C 还　　　　D 再

(2) 这件事 ____ 我没有关系，你问别人吧。
　　A 跟　　　　B 对　　　　C 给　　　　D 为

(3) 我想买几本 ____ 中国文化的书。
　　A 对于　　　B 关于　　　C 由于　　　D 生于

(4) 他身体不太舒服，所以看 ____ 脸色不好。
　　A 上来　　　B 起来　　　C 上去　　　D 下来

(5) 这张照片是谁 ____ 的？真漂亮！
　　A 拍　　　　B 做　　　　C 干　　　　D 拿

(6) 一年四季，我 ____ 喜欢夏天了。
　　A 太　　　　B 很　　　　C 真　　　　D 最

(7) 今天没有时间， ____ 得明天才能去了。
　　A 害怕　　　B 恐怕　　　C 你怕　　　D 最怕

13 今天太热了　197

Exercises

(8) 现在去不合适，以后再找 ____ 吧。
　　A 时间　　　　B 时候　　　　C 天　　　　D 空儿

(9) 小姐，你穿这件衣服实在太 ____ 了。
　　A 适合　　　　B 可以　　　　C 合适　　　　D 适应

(10) 我听说他 ____ 不看外国电影，为什么这次看了呢？
　　A 一直　　　　B 一连　　　　C 从未　　　　D 从来

4 다음 문장의 틀린 부분을 바르게 고쳐보세요.

(1) 这件事不是用他们负责的。
　　➡ _____

(2) 他出生1980年首尔，然后就搬家了。
　　➡ _____

(3) 我对这种故事没感兴趣。
　　➡ _____

(4) 你不要每个月都把钱用没有。
　　➡ _____

(5) 今天下午我有开会，请你明天来吧。
　　➡ _____

(6) 你要什么书？我们这都有很多种书。
　　➡ _____

(7) 如果你没有时间，就那么以后再说吧。
　　➡ _____

(8) 这里的冬天比韩国不一样，没有那么冷。
　　➡ _____

(9) 我对你建议最好夏天去那儿，因为那儿夏天风景很好。

➡️ _____

(10) 你请坐，我做给你我的拿手菜。

➡️ _____

5 주어진 단어를 순서대로 배열해 보세요.

(1) 不 / 真的 / 地方 / 去 / 的 / 别 / 工作 / 我 / 想

➡️ _____

(2) 永远 / 他 / 像 / 不 / 别人 / 努力 / 那么

➡️ _____

(3) 了 / 离开 / 几 / 已经 / 家乡 / 年

➡️ _____

(4) 我 / 两 / 过 / 天 / 去 / 美国 / 了 / 要

➡️ _____

(5) 听 / 没 / 他 / 说 / 这 / 你 / 过 / 吗 / 话 / 句

➡️ _____

(6) 下午 / 有空儿 / 你 / 话 / 我 / 趟 / 办公室 / 来 / 的 / 一

➡️ _____

(7) 才 / 现在 / 几 / 你 / 要 / 就 / 走 / 点 / 啊

➡️ _____

(8) 突然 / 怎么 / 了 / 高兴 / 不

➡️ _____

(9) 最 / 我 / 他 / 看 / 喜欢 / 微笑 / 的

➡️ _____

(10) 把 / 你 / 不 / 最好 / 那 / 东西 / 在 / 些 / 放 / 这儿 / 要

➡️ _____

Exercises

 1-39

四季北京

　　中国大部分地方一年有四个季节，就是春季、夏季、秋季和冬季。北京的四个季节各有自己的特色。北京人都喜欢春天，因为经过一个寒冷的冬天，人们都可以到外面玩儿了，而且各种各样的花儿都开了，空气也特别新鲜，只是有时候，春天的风沙比较大，这是春天里最让人不喜欢的事儿。北京的夏天很热，而且夏天时间很长，大部分人都不喜欢出去，因为外面实在太热了，在家里，开着空调要舒服一些。秋天是北京最美丽的季节，香山的树叶红了，天气也非常好，不冷也不热，不刮风，也不下雨，这个时候来北京旅游的人也特别多，北京人自己也喜欢出去玩儿。冬天比较冷，有的时候夜里的最低气温可以达到零下十八九度，又不常下雪，所以空气很干燥。

1 다음 문장을 읽고 질문에 대답해 보세요.

(1) 北京有几个季节？

(2) 春天人们出去吗？

(3) 春天的特点是什么？

(4) 北京的夏天怎么样？

(5) 哪个是北京最美丽的季节？

(6) 这个季节的天气怎么样？

(7) 哪个季节来北京旅游的人最多？

(8) 北京的冬天怎么样？

(9) 你们国家有几个季节？

(10) 你们国家的哪个季节最美丽？

2 한국의 날씨와 기후를 표현해 보고, 자신이 좋아하는 계절과 그 이유를 이야기해 보세요.

간체자쓰기 <<< 필순에 따라 써보세요.

报 bào	一 十 扌 扩 捉 报
温 wēn	丶 氵 氵 氵 汩 汩 汩 浘 温 温 温
雨 yǔ	一 厂 丌 币 雨 雨 雨 雨
雪 xuě	一 厂 厂 币 币 雨 雪 雪 雪 雪
岛 dǎo	' 勹 夕 鸟 鸟 岛 岛
围 wéi	丨 冂 冂 月 同 周 围
海 hǎi	丶 氵 氵 氵 汒 汒 海 海 海 海
季 jì	一 二 千 禾 禾 季 季 季
秋 qiū	一 二 千 禾 禾 禾 秋 秋 秋

13 今天太热了

간체자쓰기

花 huā	丶 丷 艹 艹 艿 花 花 花 花 花

燥 zào	丶 丷 火 火 炉 炉 炉 炉 焊 焊 焊 燥 燥 燥 燥 燥 燥

夏 xià	一 T 厂 丙 丙 百 百 戸 夏 夏 夏 夏 夏

鲜 xiān	丿 ク 夕 夕 多 鱼 鱼 鱼 鱼 鱼 鲜 鲜 鲜 鲜 鲜 鲜 鲜

树 shù	一 十 才 木 杧 权 权 树 树 树 树 树

叶 yè	丨 冂 口 마 叶 叶 叶 叶

刮 guā	丿 二 千 千 舌 舌 刮 刮 刮 刮 刮

202

14

咱们看球赛吧。
우리는 구기경기 봅시다.

New Words 1-40

游泳 yóuyǒng [명] 수영
放心 fàngxīn [동] 시름 놓다
参与 cānyù [동] 참여하다
青年 qīngnián [명] 청년
直接 zhíjiē [부] 직접적
电视 diànshì [명] 텔레비전
免费 miǎnfèi [동] 무료로 하다
网球 wǎngqiú [명] 테니스

报名 bàomíng [동] 신청하다
参加 cānjiā [동] 참가하다
球迷 qiúmí [명] 축구광
久 jiǔ [형] 오래다
结婚 jiéhūn [동·명] 결혼(하다)
支持 zhīchí [동] 지지하다
比如 bǐrú [접속] 예컨대

加油 jiāyóu [동] 응원하다
自由 zìyóu [형] 자유롭다
队 duì [명] 팀
现场 xiànchǎng [명] 현장
烦恼 fánnǎo [명] 고민, 번뇌
收看 shōukàn [동] 시청하다
棒球 bàngqiú [명] 야구

一

朴信哲：小英，你周末有空儿吗？

林小英：有空儿，有事吗？

朴信哲：学校组织了游泳比赛，我报名了，周末在学校游泳馆比赛，你来看吧。

林小英：是吗？那我周末一定去给你加油！

朴信哲：谢谢你！星期六晚上7点，你别忘了。

林小英：忘不了，你放心好了。对了，你参加的是哪种游泳比赛呢？

朴信哲：100米自由泳。

林小英：你游得快吗？

朴信哲：不是特别快，不过，你们不是有一句话叫：重在参与吗？

张浚成：昌镐，你喜欢看足球比赛吗？

李昌镐：当然喜欢，我是个球迷。

张浚成：那明天晚上我请你看球赛，怎么样？

李昌镐：是哪两个队的比赛？

张浚成：中国青年队对韩国青年队。有个朋友送了我两张票。

李昌镐：太好了，已经很久没有到现场看比赛了。

张浚成：那好，我们明天下班以后直接去看比赛。

李昌镐：行，我请你吃饭，吃完以后就去。

张浚成：对了，今天回去我得跟太太说一下。

李昌镐：哈哈，看来不结婚也有好处，我就没有这个麻烦。

张浚成：不过，不结婚也有不结婚的烦恼。

Note

1. 你放心好了

'好了'와 '吧'의 의미는 기본적으로 동일하며 문미에 쓰여 제의, 명령, 재촉 등의 어기를 나타낸다.

你在这儿等我一下好了。

你跟我一起去好了。

2. 对了，今天回去我得跟太太说一下

대화하는 과정 중에 '对了'로 다른 화제를 이끌어낸다.

咱们下午五点在学校门口见吧。对了，小王也来吗？

对了，你还没有告诉我你的名字呢。

Grammar Note

1. 忘不了

'동사+得了/동사+不了'는 자주 쓰이는 보어 형식으로 두 가지 뜻을 의미한다. 하나는 동작이 끝난 후 동작의 대상이 남아 있는지의 여부를 나타낸다. 다른 하나는 동작의 완성가능 여부를 나타낸다.

> 东西太多了，吃不了。
>
> 车坏了，骑不了了

2. 부사 当然

본문에서의 '当然'은 어떤 사물의 이치에 대한 긍정의 의미가 더하여져 의심하지 않음을 나타낸다. 일반적으로 문장 중간 또는 문두에 쓰일 수도 있다. 문두에 쓰이는 경우 명확한 멈춤이 있는데, 서면어에서는 쉼표(,)로 표시한다.

> 我当然要去参加你的婚礼。
>
> 同学们有了困难，老师当然应该帮助。
>
> 当然，不下工夫是学不好汉语的。

3. 부사 得(děi)

'得'는 구어체에서 주로 쓰인다. '应该、必须'와 비슷하며, 사실상 또는 이치상 필요함을 나타낸다. 반드시 이러할 것이라는 것을 예측할 수도 있으며, '要、会'와 비슷하다.

> 你病了，得快去医院看看。
>
> 这篇作文得三天才能写完。
>
> 这么晚才回家，妈妈又得说你了。

문형

Grammar Drill

1 …… 当然 ……
我们是朋友，你有困难我当然应该帮助。

这件事很重要
你　应该跟父母商量

她是我的好朋友
我　要去参加她的婚礼

今天是妈妈的生日
我　要给她买件礼物

2 …… 得 ……
留学的事，我还得跟父母商量一下儿。

去旅游的事
我还　听听女朋友的意见

明天去参加球赛
我还　向老师请假

想去国外留学
你　准备好学费和生活费

说 Speaking

1 다음 그림을 보고 대화를 완성해 보세요.

A：你常常_____吗？
B：平时_____，只有_____才能_____。
A：那你最喜欢什么_____？
B：我喜欢_____，你呢？
A：真的吗？我也_____。
B：那太好了！有时间我们可以_____。

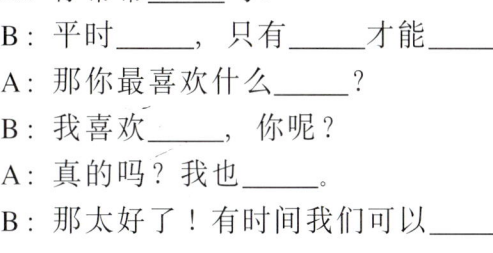

A：你_____有空儿吗？
B：有空儿，什么事？
A：我_____，想请你_____。
B：是吗？太好了，我最喜欢_____。
A：我们_____好吗？
B：好，到时候_____。

A：真巧，你也来了，你也_____吗？
B：是啊，而且我_____。
A：是吗？你喜欢哪种_____？
B：我喜欢_____，你呢？
A：我更喜欢_____。
B：_____。

A：听说_____，有时间咱们_____怎么样？
B：好啊，你也_____吗？
A：当然了，而且你可能_____。
B：那咱们就要_____。
A：周末怎么样？我周末_____。
B：可以，_____。

Exercises

2 주어진 단어를 이용하여 이야기해 보세요.

报名 / 放心 / 参加 / 自由 / 参与 / 直接
结婚 / 烦恼 / 支持 / 免费 / 比如 / 青年

Writing

1 다음 보기에서 알맞은 단어를 찾아 빈칸에 써보세요.

보기   网球 放心 青年 自由 报名 结婚 电视 参加 免费 加油

(1) 我已经 _____ 参加下个学期的学习了。

(2) 观众都在喊："_____！"

(3) 很多 _____ 人都喜欢运动。

(4) 现在老师让我们 _____ 谈话。

(5) 今天晚上我们有晚会，你能 _____ 吗？

(6) 妈妈总是不 _____ 我一个人出去。

(7) 你已经 _____ 了吗？

(8) 我总是一回家就打开 _____。

(9) 我常常跟我的朋友一起打 _____。

(10) 世界上没有 _____ 的东西。

2 주어진 단어를 이용하여 문장을 완성하세요.

(1) 很多人都喜欢看电视，_____。（比如）

(2) _____，我也一样。（烦恼）

(3) 下班以后我哪儿也没去，＿＿＿＿＿＿＿＿＿＿。（直接）

(4) 从电视里看球赛没有意思，＿＿＿＿＿＿＿＿＿＿。（现场）

(5) 我今天要去看比赛，因为＿＿＿＿＿＿＿＿＿＿。（队）

(6) 只要有比赛，他一定去看，＿＿＿＿＿＿＿＿＿＿。（球迷）

(7) ＿＿＿＿＿＿＿＿＿＿，你现在怎么样？（久）

(8) ＿＿＿＿＿＿＿＿＿＿，我们公司就不能有这么好的成绩。（支持）

(9) ＿＿＿＿＿＿＿＿＿＿，因为我觉得很有意思。（收看）

(10) ＿＿＿＿＿＿＿＿＿＿，成绩怎么样没关系。（参与）

3 다음 문장의 빈칸에 알맞은 단어를 찾아보세요.

(1) 他说他今天不来上课，＿＿＿＿没来。
　　A 真实　　　　B 实在　　　　C 确实　　　　D 实际

(2) 新经理＿＿＿＿公司带来了很多变化。
　　A 对　　　　　B 给　　　　　C 把　　　　　D 使

(3) 从来没见过这样的服务员，态度真＿＿＿＿差的。
　　A 很　　　　　B 十分　　　　C 够　　　　　D 特别

(4) 你看到的＿＿＿＿。
　　A 只是很小的一个部分　　　　B 一个只是很小的部分
　　C 很小的只是一个部分　　　　D 很小的一个部分只是

(5) 你这是在唱歌＿＿＿＿，我以为你哭了＿＿＿＿。
　　A 呀 / 吧　　　B 呀 / 呢　　　C 吧 / 呀　　　D 呢 / 吧

(6) 这件事应该怎么＿＿＿＿？
　　A 办法　　　　B 做法　　　　C 解决　　　　D 觉得

(7) 我没有这方面的经验，我看＿＿＿＿王先生能解决这个问题。
　　A 只能　　　　B 就能　　　　C 就有　　　　D 只有

Exercises

(8) 我 ____ 去看电影。
　　A 打算明天一起跟朋友　　　　B 打算明天跟朋友一起
　　C 跟朋友打算一起明天　　　　D 打算跟朋友一起明天

(9) 你怎么能把我看 ____ 那种人呢？
　　A 成　　　　B 为　　　　C 当　　　　D 是

(10) 我 ____ 这个电影不仅讲了一个故事，还告诉了我们一个道理。
　　A 感觉　　　B 觉得　　　C 想到　　　D 看得

4 다음 문장의 틀린 부분을 바르게 고쳐보세요.

(1) 你这句话说错，应该说我们都是好朋友。

　　➡ _____

(2) 这几天他可能要出差，过两天他回来又说吧。

　　➡ _____

(3) 你放心吧，他回来以后马上我告诉他。

　　➡ _____

(4) 这个电影我已经看过两趟了，很好看。

　　➡ _____

(5) 最近的几个月公司的情况更好了比以前。

　　➡ _____

(6) 我们想去上海看，决定要不要在那儿学习。

　　➡ _____

(7) 她是一个漂漂亮亮的女孩儿，很多男孩子喜欢她。

　　➡ _____

(8) 这位是我的好朋友，你们以后帮助帮助互相吧。

　　➡ _____

(9) 我喜欢文学，常常照顾新的文学问题。

➡ _____

(10) 他不一定不会喜欢这种的电影。

➡ _____

5 주어진 단어를 순서대로 배열해 보세요.

(1) 不但 / 他 / 看 / 喜欢 / 而且 / 踢 / 喜欢 / 足球

➡ _____

(2) 去 / 你 / 什么 / 想 / 可以 / 时候 / 就 / 我 / 了 / 告诉

➡ _____

(3) 人 / 不 / 这 / 你 / 是 / 个 / 问题 / 一 / 的

➡ _____

(4) 是 / 他 / 努力 / 一 / 聪明 / 而且 / 非常 / 非常 / 的 / 职员 / 个 / 也

➡ _____

(5) 太 / 这 / 喜欢 / 不 / 人 / 歌 / 年轻 / 常常 / 的 / 我 / 种 / 唱

➡ _____

(6) 吗 / 知道 / 你 / 来 / 为什么 / 不 / 了 / 他 / 公司

➡ _____

(7) 到底 / 有 / 什么 / 告诉 / 应该 / 我 / 你 / 打算

➡ _____

(8) 没有 / 去 / 他 / 个 / 了 / 几 / 也 / 找到 / 工作 / 一连 / 公司

➡ _____

(9) 现在 / 时候 / 什么 / 不 / 你 / 知道 / 都 / 了

➡ _____

(10) 人 / 啊 / 我 / 看 / 没 / 是 / 出来 / 一 / 怎么 / 他们 / 家

➡ _____

Exercises

 1-42

电视休闲

现在的电视节目越来越多,各种节目让人觉得没有办法选择。很多人都喜欢看体育节目,特别是足球比赛,由于足球迷越来越多,足球节目也就越来越受欢迎。虽然中国足球队的表现不是那么好,但还是有很多中国人支持中国的足球运动。

中国的球迷不但可以看到中国队的比赛,同时也能看到很多国家的足球赛,而且通过电视收看这些比赛,几乎跟免费一样便宜。

当然,除了足球比赛,其他的各种体育比赛也同样受大家的欢迎,比如中国人最喜欢的乒乓球,国际上比较流行的棒球、网球等比赛也有很多观众。

除了看,年轻人也特别喜欢参与各种体育运动,晚上、周末,各个体育馆、体育场都有很多人在运动。

1 다음 문장을 읽고 질문에 대답해 보세요.

(1) 现在的电视节目有什么问题?

(2) 很多人喜欢看什么节目?

(3) 为什么足球节目越来越受欢迎?

(4) 中国的球迷能看到哪个国家的比赛?

(5) 通过电视收看这些节目,要付钱吗?

(6) 除了足球比赛以外,中国人还喜欢看什么运动节目?

(7) 年轻人只是看比赛吗?

(8) 你怎么知道年轻人参与运动的?

(9) 在你们国家,什么运动最受欢迎?

(10) 你是球迷吗?

2 한국에서 가장 인기있는 스포츠와 자신이 좋아하는 운동을 이야기해 보세요.

간체자쓰기 <<< 필순에 따라 써보세요.

迷 mí	丶 丷 ⺊ 半 米 米 迷 迷
青 qīng	一 十 ≠ 主 青 青 青 青
婚 hūn	⺄ 乂 女 女 妒 妒 妖 娇 婚 婚
恼 nǎo	丶 丶 忄 忄 忄 忄 忄 恼 恼
视 shì	丶 ⼀ ネ ネ 礻 初 视 视
支 zhī	一 十 ㇇ 支
免 miǎn	丿 ⺈ ⺈ 刍 刍 争 免
费 fèi	⼀ ⼆ ⺕ 弓 弗 弗 费 费
棒 bàng	一 十 ⺀ 木 木 杧 杧 柱 挟 梼 榛 棒

14 咱们看球赛吧 215

그림단어사전 - 식기

그릇
碗 wǎn

접시
碟子 diézi

컵
杯子 bēizi

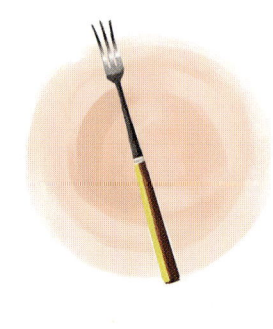
포크
餐叉 cānchā

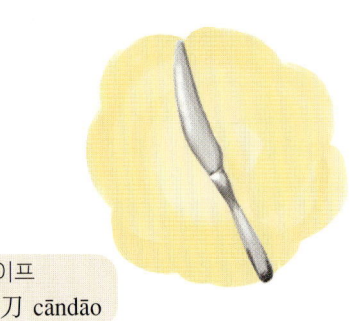
나이프
餐刀 cāndāo

주전자
水壶 shuǐhú

숟가락
勺子 sháozi

젓가락
筷子 kuàizi

15

你能帮个忙吗?
당신이 도와줄 수 있나요?

New Words 1-43

尽力 jìnlì [부] 힘을 다하다
替 tì [동] 대신하다
大概 dàgài [부] 대략. 대강
按 àn [전] …에 따라
使用 shǐyòng [동] 사용하다
付款 fùkuǎn 돈을 지불하다
密码 mìmǎ [명] 비밀번호
取 qǔ [동] 인출하다
批评 pīpíng [동] 비평하다

租 zū [동] 세내다
消息 xiāoxi [명] 소식. 정보
究竟 jiūjìng [부] 도대체
过去 guòqù [명] 과거
刷卡 shuākǎ 카드 긁다
缺点 quēdiǎn [명] 결점
分别 fēnbié [동] 구별하다
自己 zìjǐ [대] 자기. 자신

房子 fángzi [명] 집. 건물
厨房 chúfáng [명] 부엌. 주방
主意 zhǔyi [명] 생각. 방법
现金 xiànjīn [명] 현금
透支 tòuzhī [동] 가불하다
不止 bùzhǐ [부] …에 그치지 않다
注意 zhùyì [동] 주의하다
优点 yōudiǎn [명] 장점

一

朴信哲：小英，你能帮我个忙吗？

林小英：什么事儿，只要我能帮，一定尽力。

朴信哲：是这样，我现在住的宿舍两个人一个房间，不太方便，住宾馆又太贵。

林小英：明白了，你想租个房子，是吧？

朴信哲：没错！你知道怎么找房子吗？

林小英：我从来没租过房子，不是特别清楚，不过我的一个朋友以前租过一间房子，我可以替你问问他。

朴信哲：那太好了，谢谢你！

林小英：别客气，你也别太着急，我今天晚上就给他打电话。

朴信哲：好的，我等你的消息。

李昌镐：朴小姐，你下午下班以后能陪我去一下商店吗？

朴英美：去商店干吗？

李昌镐：是这样，我想买点儿厨房用的东西，可是没有经验，不知道需要哪些东西。

朴英美：这好办，下班我跟你一起去。

李昌镐：那太好了，谢谢你！

朴英美：这点儿小事，客气什么。

李昌镐：对了，你说我大概得带多少钱？

朴英美：那得看你买多少东西了，买得多，就多带点儿；买得少，就少带点儿。

李昌镐：可是我也不知道究竟需要什么啊。

朴英美：那你就带点儿钱，再带一张卡。

李昌镐：好主意，就按你说的办。

1. 我从来没租过房子

'从来'는 '지금까지 줄곧 이렇다'는 것을 나타내는데 일반적으로 부정사 앞에 놓인다.

> 我从来没去过那里。
>
> 他从来不吃肉。

2. 去商店干吗

'干吗'는 '干什么'와 '为什么'의 의미와 동일하다. '干什么'의 뜻을 나타내는 경우에는 문미에 주로 쓰이고 '为什么'의 뜻을 나타낼 때는 동사 앞에 놓인다.

> 你到医院干吗？生病了吗？
>
> 你干吗不告诉我，也许我可以帮你呢。

Grammar Note

1. 부사 从来

과거에서부터 지금까지 여전하다는 것을 나타내며, 주로 부정문에 쓰인다. 긍정문에 쓰이는 경우 동사구, 형용사구를 수식하며, 일반적으로 단음절동사나 형용사는 수식하지 않는다.

　　她总是喝红茶，从来不喝绿茶。

　　王小丽的房间从来都很干净。

2. 부사 大概

상황에 대한 예측이나 추측을 나타낸다. 이러한 예측이나 추측은 가능성이 높음을 의미하며, 주어 앞에 쓰이기도 한다. 이외에도 수량, 시간에 대한 불정확한 예측을 나타낼 수도 있는데, 이때 뒤에는 수량사나 시간사가 동반된다.

　　我想他大概不会来了。

　　大概金英有什么急事，否则她不会失约的。

　　今天参观展览的大概有三千人。

　　这些工作大概下班以前能完成。

3. 부사 究竟

본문에서 '究竟'은 추궁의 이기를 나타내며, 주로 선택문, 의문문 혹은 의문의 뜻이 포함된 문장에 쓰인다. 구어에서 쓰이는 '到底'와 비슷하며, 문미에 '吗'를 쓸 수 없다. 주어가 의문대명사인 경우 '究竟'는 주어 앞에 놓인다.

　　他究竟是不是你的男朋友？

　　昨晚来的那个人究竟是干什么的？

　　究竟应该怎样解决这个问题，我们得研究一下儿。

　　究竟谁还没有报到？

Grammar Drill

1 …… 从来……

A : 英哲，你有女朋友吗?
B : 我从来没交过女朋友，我想大学毕业以后再说。

A : 明和 你吃过香菜吗
B : 我 没吃过香菜
　　总觉得味道很怪

A : 小英 你没迟到过吗
B : 我 没迟到过
　　每天都按时去上课

A : 你们班长学习怎么样
B : 她 都非常认真
　　学习成绩很好

2 …… 大概……

A : 你这次去中国旅游要去几天？
B : 我这次去中国旅游大概去十天。

A : 都九点半了安娜还
　　没来
B : 这么晚了我看她
　　不会来了

A : 老师会同意我们的
　　意见吗
B : 我觉得他
　　会同意的

A : 昨天参加他们婚礼
　　的有多少人
B : 我想 有一百五十
　　多人

说 Speaking

1 다음 그림을 보고 대화를 완성해 보세요.

A: 你去哪儿?
B: 我去_____, 有事吗?
A: 我想问你能不能帮我_____。
B: 没问题。是什么_____?
A: _____。
B: 好的, 只要_____我就_____。

A: 你知道_____应该注意什么吗?
B: 知道一点儿, 怎么你要_____?
A: 是啊, 可是_____。
B: 这好办, 你什么时候去, 我_____。
A: 那可太好了, 咱们_____怎么样?
B: _____。

A: 听说你_____, 我想_____。
B: 谈不上_____, 不过如果是小问题的话_____。
A: 我也不知道_____, 你能不能_____。
B: 可以, 你看_____?
A: 你_____有时间吗?
B: 可以, _____。

A: 有件事我很头疼, _____。
B: 你说来听听吧, 也许_____。
A: 我想_____可是不知道_____。
B: 我觉得_____。
A: 所以我_____。
B: 我想还是_____。

Exercises

2 주어진 단어를 이용하여 이야기해 보세요.

尽力 / 租 / 替 / 大概 / 究竟 / 按 / 使用

透支 / 不止 / 分别 / 注意 / 取

1 다음 보기에서 알맞은 단어를 찾아 빈칸에 써보세요.

보기　主意　自己　究竟　租　过去　取　消息　优点　厨房　密码

(1) ＿＿＿＿ 我不了解中国，现在了解一些了。

(2) 糟糕，这张卡的 ＿＿＿＿ 我忘了。

(3) 我太累了，你 ＿＿＿＿ 去吧。

(4) 我没有钱了，去银行 ＿＿＿＿ 点儿钱。

(5) 我们都不知道怎么办好了，你有什么 ＿＿＿＿？

(6) 我家的 ＿＿＿＿ 很大，因为我妻子最喜欢做饭。

(7) 告诉你一个好 ＿＿＿＿，我找到工作了。

(8) 这车不是买的，是我 ＿＿＿＿ 的，每天80块钱。

(9) 每个人都有 ＿＿＿＿，也有缺点。

(10) 你 ＿＿＿＿ 什么时候回来？

2 주어진 단어를 이용하여 문장을 완성하세요.

(1) ＿＿＿＿＿＿＿＿＿＿＿＿＿＿？我买不买票啊？（究竟）

(2) ＿＿＿＿＿＿＿＿＿＿＿＿＿＿，每天都不应该迟到。（按）

(3) _____，所以我现在去大商场常常不带现金。（刷卡）

(4) _____，现在我得还银行钱。（透支）

(5) 我们饭店跟别的地方不一样，_____，然后再吃饭。（付款）

(6) _____，欧洲、美国、日本我都去过。（不止）

(7) _____，别批评他了。（尽力）

(8) 我没有时间，_____。（替）

(9) _____，没有一起去。（分别）

(10) _____，这个词很难。（注意）

3 다음 문장의 빈칸에 알맞은 단어를 찾아보세요.

(1) 很久没有旅行了，____ 我们去旅行吧。
   A 一天　　　　B 有时候　　　　C 哪天　　　　D 什么时间

(2) 因为身体不舒服，他 ____ 不去上班。
   A 只是　　　　B 只好　　　　C 只管　　　　D 只要

(3) 这个工作她做比我做 ____ 好。
   A 更　　　　B 很　　　　C 太　　　　D 真

(4) 只有 ____ 听老师讲课，才能取得好成绩。
   A 努力　　　　B 紧张　　　　C 认真　　　　D 特别

(5) 你看见 _____ 了吗？
   A 新买的我那一本书　　　　B 我那一本书新买的
   C 我那新买的一本书　　　　D 我新买的那一本书

(6) 你 ____ 同意不同意？
   A 究竟　　　　B 毕竟　　　　C 实在　　　　D 确实

(7) 他 _____，所以没有时间陪女朋友玩儿。
   A 每天很忙工作　　　　B 工作很忙每天
   C 每天工作很忙　　　　D 很忙每天工作

Exercises

(8) ＿＿看这种电影，＿＿回家睡觉。
  A 不但…而且…　　　　　　B 如果…那么…
  C 即使…也…　　　　　　　D 与其…不如…

(9) 实在对不起，给你＿＿麻烦了。
  A 添　　　　B 加　　　　C 有　　　　D 大

(10) 听说了这个消息，他＿＿＿＿＿＿。
  A 高兴了要命　　　　　　B 高兴得要命
  C 要命地高兴　　　　　　D 高兴很要命

4 다음 문장의 틀린 부분을 바르게 고쳐보세요.

(1) 你到底什么时候去不去啊？

　➡ ＿＿＿＿＿＿＿＿＿＿＿＿＿＿＿＿＿＿＿＿＿＿

(2) 你怎么说起来她的坏话了。

　➡ ＿＿＿＿＿＿＿＿＿＿＿＿＿＿＿＿＿＿＿＿＿＿

(3) 李先生对历史问题很研究。

　➡ ＿＿＿＿＿＿＿＿＿＿＿＿＿＿＿＿＿＿＿＿＿＿

(4) 我呆不了很长时间，左右三天就回来。

　➡ ＿＿＿＿＿＿＿＿＿＿＿＿＿＿＿＿＿＿＿＿＿＿

(5) 他已经给我说了这件事。

　➡ ＿＿＿＿＿＿＿＿＿＿＿＿＿＿＿＿＿＿＿＿＿＿

(6) 我准时一定去参加会议。

　➡ ＿＿＿＿＿＿＿＿＿＿＿＿＿＿＿＿＿＿＿＿＿＿

(7) 这件事比较麻烦很多，我也不知道怎么办才好。

　➡ ＿＿＿＿＿＿＿＿＿＿＿＿＿＿＿＿＿＿＿＿＿＿

(8) 只要你努力，才能得到别人的理解。

　➡ ＿＿＿＿＿＿＿＿＿＿＿＿＿＿＿＿＿＿＿＿＿＿

(9) 虽然我已经毕业了，但是一定能做好这份工作的。

　　➡ _____

(10) 这只是我们的计划，能通过要看经理的意思。

　　➡ _____

5 주어진 단어를 순서대로 배열해 보세요.

(1) 一 / 你 / 早 / 来 / 点儿 / 尽量 / 吧

　　➡ _____

(2) 可能 / 所有 / 知道 / 我 / 不 / 事情 / 也 / 的

　　➡ _____

(3) 决定 / 我 / 家 / 明年 / 公司 / 试 / 试 / 换 / 一

　　➡ _____

(4) 要 / 请 / 在 / 不 / 时间 / 打 / 电话 / 私人 / 上班

　　➡ _____

(5) 是 / 他 / 专门 / 个 / 中国 / 画 / 画 / 画家 / 的

　　➡ _____

(6) 是 / 的 / 他 / 代表 / 我们 / 出来 / 大家 / 选

　　➡ _____

(7) 看 / 你 / 合适 / 我们 / 时候 / 什么 / 去

　　➡ _____

(8) 不 / 已经 / 再 / 外语 / 学习 / 我 / 了

　　➡ _____

(9) 年 / 他 / 三 / 了 / 没有 / 回 / 家乡 / 过

　　➡ _____

(10) 书 / 过 / 我 / 几 / 好好 / 看看 / 一定 / 本 / 这 / 天

　　➡ _____

 1-45

刷卡购物

现在去商店买东西,已经不像过去那样要带很多现金了。因为很多人都有许多银行卡,这些卡,大部分都可以在商场直接使用。"刷卡"已经成了现在的城市人主要的付款方式,刷卡既安全又方便,而且有很多卡还可以透支使用,这就更让人觉得方便了。特别是年轻人,他们都觉得刷卡比用现金要方便得多。可是,银行卡也不是没有缺点,比如说,有很多人都有不止一张银行卡,如果这些卡都用一个密码,就比较不安全,但如果分别用不同的密码,就容易记不清,有时忘了密码,买东西的时候,不但不方便,反而麻烦了。更麻烦的是,很多人在刷卡的时候常常觉得好像没花钱一样,因此买东西的时候就往往不太注意自己一共花了多少钱,等到再想取钱或买东西的时候,才发现自己已经没有钱了。

1 다음 문장을 읽고 질문에 대답해 보세요.

(1) 现在买东西,为什么不用带现金了?

(2) 猜一猜"刷卡"是什么意思?

(3) 刷卡有哪些好处?

(4) 哪些人最喜欢刷卡?

(5) 用卡买东西又没有缺点?

(6) 第一个不方便的方面是什么?

(7) 还有什么方面不方便?

(8) 最麻烦的是什么问题?

(9) 在你们国家,大家常常刷卡吗?

(10) 你常常刷卡吗?

2 현금과 카드결제의 단점과 장점, 물품 구매시 주로 이용하는 방법에 대해서 이야기해 보세요.

간체자쓰기 <<< 필순에 따라 써보세요.

房 fáng	丶 丶 冖 户 户 户 房 房
替 tì	一 二 キ 夫 夫 夫 扶 扶 扶 替 替 替
概 gài	一 十 才 木 朾 朾 朾 柑 杷 栶 概 概
竟 jìng	丶 亠 ㅗ 亠 立 产 音 音 音 竟
按 àn	一 十 扌 扌 扩 扩 挖 按 按
刷 shuā	𠃌 ㄱ 尸 尸 吊 吊 刷 刷
付 fù	丿 亻 仁 付 付
款 kuǎn	一 十 士 壬 声 声 声 款 款 款 款
止 zhǐ	丨 卜 止 止

15 你能帮个忙吗

간체자쓰기

密 mì　丶丶宀宀宓宓宓宓密密密
密 密 密

注 zhù　丶丶氵氵氵泞泞注注
注 注 注

己 jǐ　¬ㄱ己
己 己 己

16
复习 2
복습 2

New Words 1-46

洗 xǐ [동] 씻다
预习 yùxí [동] 예습하다
成绩 chéngjì [명] 성적
老板 lǎobǎn [명] 주인
答应 dāying [동] 동의하다
不好意思 bùhǎoyìsi 창피스럽다
夫妇 fūfù [명] 부부
打扫 dǎsǎo [동] 청소하다
变化 biànhuà [동] 변화하다

准备 zhǔnbèi [동] 준비하다
努力 nǔlì [형] 노력하다
搬家 bānjiā [동] 이사하다
加班 jiābān [동] 잔업하다
孩子 háizi [명] 아이
一般 yìbān [형] 일반적이다
家务 jiāwù [명] 집안 일. 가사
睡觉 shuìjiào [동] 자다

下周 xiàzhōu [명] 다음 주
难怪 nánguài [부] 과연, 어쩐지
销售 xiāoshòu [동] 판매하다
爬山 páshān [동] 등산하다
动物园 dòngwùyuán [명] 동물원
内容 nèiróng [명] 내용
脏 zāng [형] 더럽다
不知不觉 bùzhībùjué 어느덧

본문

我有四个朋友，他们周末都要干什么呢？

我先介绍林小英和朴信哲吧。他们两个人是同班同学。林小英的周末是很忙的，她有时候跟朋友一起出去玩儿，有时候去买东西，但大部分时间是在家里干些活儿，比如洗衣服，准备下周要用的东西什么的。她常说如果一周有三天是周末就好了。

朴信哲跟林小英不同，他认为学习是最重要的事情。每到周末，他都要把上一周学过的东西认真地复习一遍，还要把下周要学的东西认真地预习一下儿。他学习很努力，难怪成绩那么好。不过这个周末恐怕没时间学习了，因为他找到了房子，要搬家。他找的房子离学校很近，大概走十分钟就能到学校。

Dialogue

　　我再介绍张浚成和李昌镐。他们俩在公司销售部工作。本周五下班前,张浚成告诉李昌镐,老板对他们下半年的销售计划不太满意,并要求他们下周一上班要交一份新的计划。这样一来,周末非加班不可了。李昌镐每周六都要去爬山的,看来这次又爬不成了。张浚成已经好几次答应孩子去动物园,都因为加班或忙别的事没有去成。这次他早就答应孩子这个周六去,现在看来也去不成了。他真不好意思再跟孩子说"下周去"那句话了。

연습문제

说 Speaking

1 다음 그림을 보고 대화를 완성해 보세요.

A：你周末有空儿吗？
B：有空儿，____？
A：我听说有一个_____。
B：那我们_____。
A：那儿的音乐_____。
B：那_____。

A：明天就是_____了，有什么_____吗？
B：有啊，我打算_____，你呢？
A：我本来想_____，可是_____。
B：要不你_____。
A：这个主意不错，____。
B：_____。

A：我有个坏消息要告诉你。
B：不是_____吧？我最怕_____了。
A：你说对了，就是_____。
B：为什么啊？_____。
A：听说是因为_____。
B：看来_____。

A：你周末_____？
B：没有_____，有事吗？
A：我想请你_____。
B：是吗？那太感谢了，____。
A：别客气，我周末_____。
B：好的，_____。

234

Exercises

2 주어진 단어를 이용하여 이야기해 보세요.

一般 / 准备 / 内容 / 难怪 / 加班
答应 / 不好意思 / 家务 / 脏 / 打扫
睡觉 / 不知不觉

 Writing

1 다음 보기에서 알맞은 단어를 찾아 빈칸에 써보세요.

보기   考试 打扫 搬家 夫妇 动物园 加班 孩子 爬山 老板 家务

(1) 我明天 _____ ，现在住得离学校太远了。

(2) 他是我们的 _____ ，是个很聪明的人。

(3) 北京 _____ 的动物很多。

(4) 我们这个星期复习， _____ 考试。

(5) 我们结婚3年了，但还没有 _____ 。

(6) 这个周末我不能回家了，公司要我们 _____ 。

(7) 听说香山很漂亮，咱们去 _____ 怎么样？。

(8) 他们 _____ 两个都工作，所以没有时间。

(9) 中国的女人不但要工作，还要做 _____ ，非常辛苦。

(10) 如果你有时间， _____ 一下你的房间吧。

2 주어진 단어를 이용하여 문장을 완성하세요.

(1) 你看看这本书吧，_____。（内容）

(2) _____，所以成绩非常好。（努力）

Exercises

(3) _____，原来他已经准备好了！（难怪）

(4) _____，所以一定要办好这件事。（答应）

(5) _____，老板很高兴。（销售）

(6) _____，她不是你的女朋友吗？（不好意思）

(7) _____，快洗洗吧。（脏）

(8) _____，只有周末才喝一点儿。（一般）

(9) 明天就要考试了，_____。（准备）。

(10) 在中国时间长了，_____。（不知不觉）

3 다음 문장의 빈칸에 알맞은 단어를 찾아보세요.

(1) 那个女孩儿的头发 _____，真漂亮！
　　A 长长的　　　B 很长的　　　C 长一点儿　　　D 有点儿长

(2) 他唱歌 _____ 很好听，可是跳舞就不行了。
　　A 真　　　　　B 太　　　　　C 是　　　　　　D 才

(3) 现在你们 _____ 中国电影。
　　A 看得不懂　　B 没看懂　　　C 不看懂　　　　D 看不懂

(4) 我常常来这家餐厅吃饭，对这儿的服务很 _____。
　　A 满足　　　　B 满意　　　　C 同意　　　　　D 高兴

(5) 你看你要找的电影院在那儿，车站前边就 _____。
　　A 在　　　　　B 有　　　　　C 对　　　　　　D 是

(6) 他这几天没有上班 _____ 生病，没有别的原因。
　　A 是为了　　　B 为了　　　　C 因为　　　　　D 是因为

(7) 我想了很久，_____ 不去了吧。
　　A 还是　　　　B 或者　　　　C 也许　　　　　D 可能

(8) 我很喜欢这支笔，因为这是 _____。
　　A 我朋友带给我的从国外　　　B 我朋友从国外带给我的
　　C 我朋友给我带的从国外　　　D 我朋友从国外带的给我

(9) 那个地方不远，你 ____ 前走五分钟就到了。
　　A 从　　　　　B 离　　　　　C 往　　　　　D 对

(10) 我认识他，可是 _____。
　　A 想不起来他的名字　　　　　B 想不出来他的名字
　　C 想不下来他的名字　　　　　D 想不上来他的名字

4　다음 문장의 틀린 부분을 바르게 고쳐보세요.

(1) 他很浪费，常常把东西扔。

　　➡ _____

(2) 你回来这么晚，我们都担心得死了。

　　➡ _____

(3) 这不过是你一个人的事，而且也是我们大家的事。

　　➡ _____

(4) 我一直以为她是中国人，昨天她告诉我她是北京人。

　　➡ _____

(5) 我下午去商店就买，你别着急。

　　➡ _____

(6) 以前十年，我刚刚大学毕业。

　　➡ _____

(7) 他曾经在北京里学习过很长时间汉语。

　　➡ _____

(8) 你工作这么多，要不要我来帮忙你？

　　➡ _____

Exercises

(9) 别说了，这不是一个很好借口。

    ➡ _____

(10) 每次见面，他都看我的眼睛说："你好"。

    ➡ _____

5 주어진 단어를 순서대로 배열해 보세요.

(1) 这些 / 现在 / 吧 / 我们 / 把 / 整理 / 东西 / 一下 / 就

    ➡ _____

(2) 感动 / 你 / 被 / 怎么 / 假 / 他 / 了 / 话 / 的

    ➡ _____

(3) 医院 / 的 / 这 / 多 / 很 / 不错 / 医生 / 很 / 家 / 水平

    ➡ _____

(4) 就 / 我 / 了 / 时间 / 不 / 长 / 回来 / 用 / 多 / 能

    ➡ _____

(5) 都 / 这 / 些 / 经理 / 的 / 是 / 我 / 安排 / 做

    ➡ _____

(6) 美国 / 他 / 回来 / 是 / 从 / 的 / 去年

    ➡ _____

(7) 努力 / 这 / 从 / 孩子 / 小 / 非常 / 个 / 就

    ➡ _____

(8) 呢 / 可能 / 我 / 知道 / 的 / 他们 / 怎么 / 秘密

    ➡ _____

(9) 年轻 / 这 / 过 / 听说 / 个 / 里 / 一 / 死 / 个 / 房间 / 人

    ➡ _____

(10) 一点儿 / 事 / 我 / 他 / 好 / 件 / 这 / 不 / 更 / 觉得 / 还是 / 告诉

    ➡ _____

周末时光

周末本来应该是休息的时间，可是因为现在人们的工作越来越忙，很多人平时都在忙工作，自己的事情没有时间做，只好都留到周末再做，这样，周末有时比平时还忙。特别是结了婚有了家庭、孩子以后，很多家庭夫妇两个都上班，家务事就只能放在周末来做，星期六早上先要把一周的脏衣服洗了，然后还要打扫房间、买菜、陪孩子玩儿或者学习，星期天要给朋友们打打电话，有时要跟朋友们聚会一下，然后准备下周工作要用的资料，等到忙完了，发现一个周末已经过去了，星期天晚上要早点儿睡觉，因为星期一早上还要早起上班。这样，一个周末过完了，才发现自己连看电视、看电影的时间都没有，而且常常是在不知不觉中，周末就已经过去了。所以，现在很多人早早地做好计划，希望在周末的时候可以到郊区、公园什么的玩儿玩儿，但大多数时候计划没有变化快，能去成的时候不太多。

1 다음 문장을 읽고 질문에 대답해 보세요.

(1) 周末本来应该是什么时间？

(2) 为什么现在很多人周末比平时还忙？

(3) 人们周末要做哪些事？

(4) 现在人们早早地做计划要干什么？

(5) 为什么他们能去成的时候不多？

(6) 你自己周末常常怎么安排？

(7) 你的周末忙吗？

(8) 你觉得早一点儿做计划，你的周末会更好一点儿吗？

2 주말은 주로 어떻게 지내나요? 이번 주말에는 어떤 특별한 일이 있나요?

간체자쓰기 <<< 필순에 따라 써보세요.

般 bān	ノ 丿 彳 亻 亻 舟 舟 舟 舫 般 般
洗 xǐ	丶 冫 氵 氵 氵 汁 汫 洗 洗
备 bèi	ノ 夂 夂 冬 各 各 备 备
容 róng	丶 宀 宀 宀 宀 宁 突 突 容 容
努 nǔ	乁 夂 女 女 奴 奴 努
力 lì	丁 力
绩 jì	乁 纟 纟 纟 纟 绀 结 结 结 绩 绩
搬 bān	一 十 扌 扌 扩 扩 扪 拥 捎 捎 搬 搬
板 bǎn	一 十 才 木 术 板 板

答 dá	ノ 个 个 竹 竹 竹 竺 笁 答 答 答									
	答	答	答							

妇 fù	く 女 女 妇 妇 妇									
	妇	妇	妇							

脏 zāng	ノ 刀 月 月 片 庁 胪 胪 脏 脏									
	脏	脏	脏							

扫 sǎo	一 十 扌 扫 扫 扫									
	扫	扫	扫							

睡 shuì	丨 冂 月 月 目 旷 旷 旷 眊 睡 睡 睡									
	睡	睡	睡							

变 biàn	丶 亠 广 亦 亦 变 变 变									
	变	变	变							

登山运动员需要什么？ Dēngshān yùndòngyuán xūyào shénme? 등산가는 무엇이 필요한가요?

- 登山 dēngshān 등산
- 登山队 dēngshānduì 등반대
- 登山运动员 dēngshān yùndòngyuán 등산가
- 登山服 dēngshānfú 등산복
- 护目镜 hùmùjìng 고글
- 背包 bēibāo 배낭
- 登山鞋 dēngshānxié 등산화
- 大本营 dàběnyíng 베이스캠프
- 帐篷 zhàngpéng 천막
- 顶峰 dǐngfēng 정상
- 山脊 shānjǐ 능선
- 雪崩 xuěbēng 눈사태
- 攀岩 pānyán 암벽 등반
- 冰锤 bīngchuí 아이스해머
- 绳索 shéngsuǒ 자일
- 睡袋 shuìdài 침낭
- 冰爪 bīngzhuǎ 아이젠
- 氧气瓶 yángqìpíng 산소통
- 对讲机 duìjiǎngjī 트랜시버(무전기)

❶ 天气好冷啊。
　Tiānqì hǎo lěng a.
　날씨 정말 춥다.

❷ 我们一定要登上顶峰！
　Wǒmen yídìng yào dēngshang dǐngfēng!
　우리 꼭 정상까지 올라가야지!

❸ 加油，马上就到山脊了。
　Jiāyóu, mǎshang jiùdào shānjǐ le.
　파이팅! 곧 능선에 올라가겠다.

❹ 抓紧绳索，小心！
　Zhuājǐn shéngsuǒ, xiǎoxīn!
　자일을 꽉 잡고 조심해!

그림단어사전 - 병

두통
头疼 tóuténg

치통
牙疼 yáténg

감기에 걸리다
感冒 gǎnmào

설사하다
拉肚子 lā dùzi

기침하다
咳嗽 késou

열이 나다
发烧 fāshāo

배가 아프다
肚子疼 dùzi téng

콧물이 나다
流鼻涕 liú bíti

부록 | 색인

○ 단어

[A]

| 安全 | ānquán | 5 |
| 按 | àn | 15 |

[B]

百合	bǎihé	12
搬家	bānjiā	16
办	bàn	6
半岛	bàndǎo	13
棒球	bàngqiú	14
包装	bāozhuāng	9
保存	bǎocún	9
报名	bàomíng	14
比如	bǐrú	14
毕业	bìyè	6
变化	biànhuà	16
标准	biāozhǔn	7
冰	bīng	12
不好意思	bùhǎoyìsi	16
不仅…而且~	bùjǐn…érqiě~	8
不知不觉	bùzhībùjué	16
不止	bùzhǐ	15
部	bù	1

[C]

材料	cáiliào	4
菜系	càixì	12
参加	cānjiā	14
参与	cānyù	14
厕所	cèsuǒ	10
茶馆	cháguǎn	8
长沙	Chángshā	5
尝	cháng	12
常见	chángjiàn	9
炒	chǎo	12
成绩	chéngjì	16
城市	chéngshì	11
抽	chōu	2
出口	chūkǒu	1
出售	chūshòu	9
厨房	chúfáng	15
厨师	chúshī	12
川菜	Chuāncài	12
传统	chuántǒng	12
传真	chuánzhēn	3
春季(天)	chūnjì	13
春节	chūnjié	5
辞职	cízhí	6

[D]

答应	dāying	16
打牌	dǎpái	8
打扫	dǎsǎo	16
大概	dàgài	15
大衣	dàyī	9
呆	dāi	6
担心	dānxīn	11
耽误	dānwu	10
当	dāng	9
到达	dàodá	5
的确	díquè	10
点	diǎn	12
点菜	diǎncài	12
电视	diànshì	14
钓	diào	8
钓鱼	diàoyú	8
丢三落四	diūsānlàsì	4
东方	dōngfāng	5
冬季(天)	dōngjì(tiān)	13
动物园	dòngwùyuán	16

读	dú	6
队	duì	14
对…来说	duì…láishuō	3
对待	duìdài	4
对象	duìxiàng	1

[E]

额	é	1
饿	è	12

[F]

发车	fāchē	5
发达	fādá	6
发挥	fāhuī	11
发展	fāzhǎn	6
烦恼	fánnǎo	14
返还	fǎnhuán	9
房子	fángzi	15
放心	fàngxīn	14
分别	fēnbié	15
分公司	fēngōngsī	7
风格	fēnggé	8
风沙	fēngshā	13
夫妇	fūfù	16
服务业	fúwùyè	6
父亲	fùqīn	11
付款	fùkuǎn	15
负责	fùzé	2
复印	fùyìn	2
复印机	fùyìnjī	2

[G]

干净	gānjìng	10
干燥	gānzào	13
赶快	gǎnkuài	4

感情	gǎnqíng	7
高中	gāozhōng	6
各种各样	gèzhǒnggèyàng	9
根本	gēnběn	2
羹	gēng	12
工具	gōngjù	11
工作餐	gōngzuòcān	7
公交	gōngjiāo	11
共同	gòngtóng	1
沟通	gōutōng	7
购物	gòuwù	9
古	gǔ	7
古话	gǔhuà	7
刮	guā	13
刮风	guāfēng	13
拐角	guǎijiǎo	2
关照	guānzhào	7
观念	guānniàn	6
管理	guǎnlǐ	2
国际	guójì	1
过程	guòchéng	3
过奖	guòjiǎng	3
过去	guòqù	15

[H]

嗨	hāi	6
孩子	háizi	16
海	hǎi	13
寒假	hánjià	5
寒冷	hánlěng	13
航班	hángbān	5
航空	hángkōng	5
好奇	hàoqí	3
号码	hàomǎ	5
合作	hézuò	7

户外	hùwài	8
花	huā	13
华贵	huáguì	9
环境	huánjìng	2
回请	huíqǐng	7
会员	huìyuán	9
火锅	huǒguō	12
伙伴	huǒbàn	7
货真价实	huòzhēnjiàshí	9

[J]

几乎	jīhū	11
挤	jǐ	11
季节	jìjié	13
既…也~	jì…yě~	11
寂寞	jìmò	6
加班	jiābān	16
加入	jiārù	1
加油	jiāyóu	14
家务	jiāwù	16
家乡	jiāxiāng	5
间	jiān	3
讲究	jiǎngjiū	7
奖品	jiǎngpǐn	9
交流	jiāoliú	3
交通	jiāotōng	5
郊区	jiāoqū	8
结婚	jiéhūn	14
捷径	jiéjìng	3
金钱	jīnqián	6
尽管	jǐnguǎn	1
尽力	jìnlì	15
进口	jìnkǒu	1
经过	jīngguò	12
经理	jīnglǐ	1

经历	jīnglì	4
究竟	jiūjìng	15
久	jiǔ	14
酒吧	jiǔbā	8
酒店	jiǔdiàn	7
菊花	júhuā	12
聚餐	jùcān	7
剧院	jùyuàn	8
聚会	jùhuì	6
决定	juédìng	10

[K]

卡	kǎ	9
开	kāi	13
开票	kāipiào	9
科学	kēxué	12
客户	kèhù	4
空调	kōngtiáo	13
夸奖	kuājiǎng	3
夸张	kuāzhāng	11
快速	kuàisù	3
款式	kuǎnshì	9
困	kùn	10

[L]

腊肉	làròu	12
辣	là	12
老板	lǎobǎn	16
累	lèi	10
里边儿	lǐbiānr	2
脸色	liǎnsè	4
凉快	liángkuài	13
了解	liǎojiě	3
列车	lièchē	5
流利	liúlì	3

流行	liúxíng	9
楼梯	lóutī	2
录用	lùyòng	1
绿色食品	lǜsèshípǐn	10

[M]

麻	má	12
麻烦	máfan	1
慢	màn	11
贸易	màoyì	1
秘书	mìshu	2
密码	mìmǎ	15
免费	miǎnfèi	14
模仿	mófǎng	3

[N]

拿手	náshǒu	12
内容	nèiróng	16
难怪	nánguài	16
年纪	niánjì	9
牛肉	niúròu	12
努力	nǔlì	16

[O]

哦	ó	8

[P]

爬	pá	8
爬山	páshān	16
批评	pīpíng	15
铺	pù	5
普通	pǔtōng	7

[Q]

妻子	qīzi	11
其实	qíshí	2
其他	qítā	1
气温	qìwēn	13
千万	qiānwàn	10
谦虚	qiānxū	3
签	qiān	2
签字	qiānzì	2
亲热	qīnrè	7
亲自	qīnzì	6
青椒	qīngjiāo	12
青年	qīngnián	14
清淡	qīngdàn	12
情况	qíngkuàng	1
请教	qǐngjiào	1
秋季(天)	qiūjì(tiān)	13
球迷	qiúmí	14
区别	qūbié	3
取	qǔ	15
券	quàn	9
缺点	quēdiǎn	15
缺少	quēshǎo	1
确实	quèshí	6

[R]

人际	rénjì	6

[S]

嗓子	sǎngzi	10
商业	shāngyè	7
上级	shàngjí	6
上铺	shàngpù	5
稍	shāo	11
少部分	shǎobùfèn	10
甚至	shènzhì	11
生病	shēngbìng	10

生意	shēngyi	1
声调	shēngdiào	3
时刻	shíkè	5
时刻表	shíkèbiǎo	5
实在	shízài	13
食	shí	7
食品	shípǐn	10
使用	shǐyòng	15
市场	shìchǎng	1
式样	shìyàng	9
适当	shìdāng	7
收看	shōukàn	14
受凉	shòuliáng	10
售票员	shòupiàoyuán	4
熟练	shúliàn	3
熟悉	shúxi	1
暑假	shǔjià	5
树叶	shùyè	13
刷卡	shuākǎ	15
双方	shuāngfāng	7
水平	shuǐpíng	3
睡觉	shuìjiào	16
随着	suízhe	6

[T]

态度	tàidù	4
谈不上	tánbushàng	8
特价	tèjià	9
特色	tèsè	8
提高	tígāo	3
体会	tǐhuì	10
体验	tǐyàn	6
替	tì	15
天气	tiānqì	13
添	tiān	1
添	tiān	10
条理	tiáolǐ	4
条子	tiáozi	2
停	tíng	11
停车	tíngchē	11
同事	tóngshì	1
头儿	tóur	2
透支	tòuzhī	15
退换	tuìhuàn	9

[W]

外语	wàiyǔ	1
完全	wánquán	6
王国	wángguó	11
网球	wǎngqiú	14
往来	wǎnglái	1
往往	wǎngwǎng	7
卫生间	wèishēngjiān	2
味	wèi	12
闻	wén	12
闻名	wénmíng	12
舞厅	wǔtīng	8

[X]

西湖	Xīhú	12
西芹	xīqín	12
吸引	xīyǐn	9
习惯	xíguàn	11
洗	xǐ	16
喜爱	xǐ'ài	6
下	xià	13
下雪	xiàxuě	13
下雨	xiàyǔ	13
下周	xiàzhōu	16
下属	xiàshǔ	6

夏季(天)	xiàjì(tiān)	13
现场	xiànchǎng	14
现代	xiàndài	6
现金	xiànjīn	15
乡村	xiāngcūn	11
香	xiāng	12
香山	Xiāngshān	13
消息	xiāoxi	15
销售	xiāoshòu	16
效率	xiàolǜ	4
新鲜	xīnxiān	13
形	xíng	12
幸亏	xìngkuī	4
需要	xūyào	2
选择	xuǎnzé	5
学历	xuélì	6

[Y]

压力	yālì	10
亚洲	Yàzhōu	1
烟	yān	2
研究	yánjiū	9
研究生	yánjiūshēng	6
宴请	yànqǐng	7
艳	yàn	9
药	yào	10
要命	yàomìng	10
夜	yè	13
一般	yìbān	16
一旦	yídàn	10
医科	yīkē	6
医生	yīshēng	6
以…为~	yǐ … wéi ~	7
意思	yìsi	3
因此	yīncǐ	8

饮食	yǐnshí	12
营养	yíngyǎng	12
影响	yǐngxiǎng	4
硬卧	yìngwò	5
用品	yòngpǐn	2
优点	yōudiǎn	15
幽默	yōumò	2
由	yóu	2
油腻	yóunì	12
游泳	yóuyǒng	14
娱乐	yúlè	8
预报	yùbào	13
预习	yùxí	16
运气	yùnqì	4
运用	yùnyòng	3

[Z]

再说	zàishuō	8
在乎	zàihu	10
脏	zāng	16
糟糕	zāogāo	4
丈夫	zhàngfu	11
真诚	zhēnchéng	4
整	zhěng	6
支持	zhīchí	14
知识	zhīshi	1
直接	zhíjiē	14
指教	zhǐjiào	1
中药	zhōngyào	6
中医	zhōngyī	6
种类	zhǒnglèi	10
周到	zhōudào	7
周围	zhōuwéi	13
主要	zhǔyào	1
主意	zhǔyi	15

색인 | 단어

注意	zhùyì	15	自由	zìyóu	14
专门	zhuānmén	2	总公司	zǒnggōngsī	7
状况	zhuàngkuàng	4	总之	zǒngzhī	10
准备	zhǔnbèi	16	走廊	zǒuláng	2
资料	zīliào	5	租	zū	15
自己	zìjǐ	15	尊重	zūnzhòng	6